太祖大王御容

監修者——佐藤次高／木村靖二／岸本美緒

［カバー表写真］
漢陽図
（1760年代，韓国国立中央図書館蔵）

［カバー裏写真］
『光緒19年道内各官癸巳秋三朔大同余米用遺在会計都案』

［扉写真］
太祖李成桂
（全州市慶基殿蔵）

世界史リブレット110

朝鮮王朝の国家と財政

Rokutanda Yutaka
六反田豊

目次

朝鮮王朝の収取体制・国家財政と大同法の施行

今から六二〇年ほど前の一三九二年、日本列島とは海をはさんで隣接する朝鮮半島で、それまで四七〇年あまり続いてきた高麗▲を滅ぼして新しい王朝が誕生した。李成桂《イソンゲ》▲(扉写真)を初代国王とするこの王朝は、翌年に国号を「朝鮮」と定め、さらにその翌年には開京《ケギョン》(現在の開城)から漢陽《ハニャン》(現在のソウル)に遷都してこれを「漢城《ハンソン》」と改称し、以後五〇〇年以上にわたり朝鮮半島に君臨した。

本書はこの朝鮮王朝における収取《しゅうしゅ》体制(税制・役制)と国家財政の問題を、十七世紀初から一〇〇年をかけて全国各地に施行された大同法《だいどうほう》に焦点をあてながら考えてみようとするものである。詳しくは本論にゆずるが、大同法とはそもそもいかなる制度であり、その施行はどのような意味をもっていたのかについ

▼高麗　九一八年から一三九二年まで朝鮮半島に存在した王朝。建国者は王建(太祖、在位九一八〜九四三)。最後の恭譲王(在位一三八九〜九二)まで歴代国王は三四代におよぶ。

▼李成桂　朝鮮王朝の初代国王で死後の廟号は太祖(在位一三九二〜九八)。朝鮮半島東北部を根拠地とする豪族出身で、高麗末期に武人として頭角をあらわした。一三八八年に威化島回軍と呼ばれる軍事クーデタで権力を掌握したのち、改革派の新興官僚層の支持をえて一三九二年に高麗の恭譲王から禅譲されるかたちで即位した。

て、まずは簡単に述べておこう。

朝鮮王朝ではその建国当初から、政府・王室諸機関で使用する多種多様な物資を、現物の形態で地方官に分定して徴収することがおこなわれていた。今日、貢納《こうのう》制として把握されている収取の仕組みである。大同法は、この貢納制を廃止するかわりに大同米（あるいはその代替物としての綿布・銅銭など）という地税を新設し、中央に上納されたその税収を財源にして、おもに商業ルートをつうじて政府・王室諸機関の必要物資を調達するようにしたものである。一六〇八年に漢城の周辺地域である京畿《キョンギ》地方で先行的に実施されたのち、制度の内容を適宜修正・充実させながら、しだいに施行範囲を全国に拡大していった。

つまり大同法とは貢納を地税化したものである。各種の物資を地方官に割り当てて現物のまま徴収するのではなく、田地《でんち》（農地）に課税して、土地生産物である米ないしはその代替物としての綿布や銅銭などを当該田地の所有者から徴収するように改めたのである。しかもたんに賦課方式を変更しただけでなく、徴収対象品目が単純化ないし一元化され、従来それ自体が税物だった多種多様な物資は、政府による買い付け品へと性格を変化させた。

●—朝鮮王朝要図

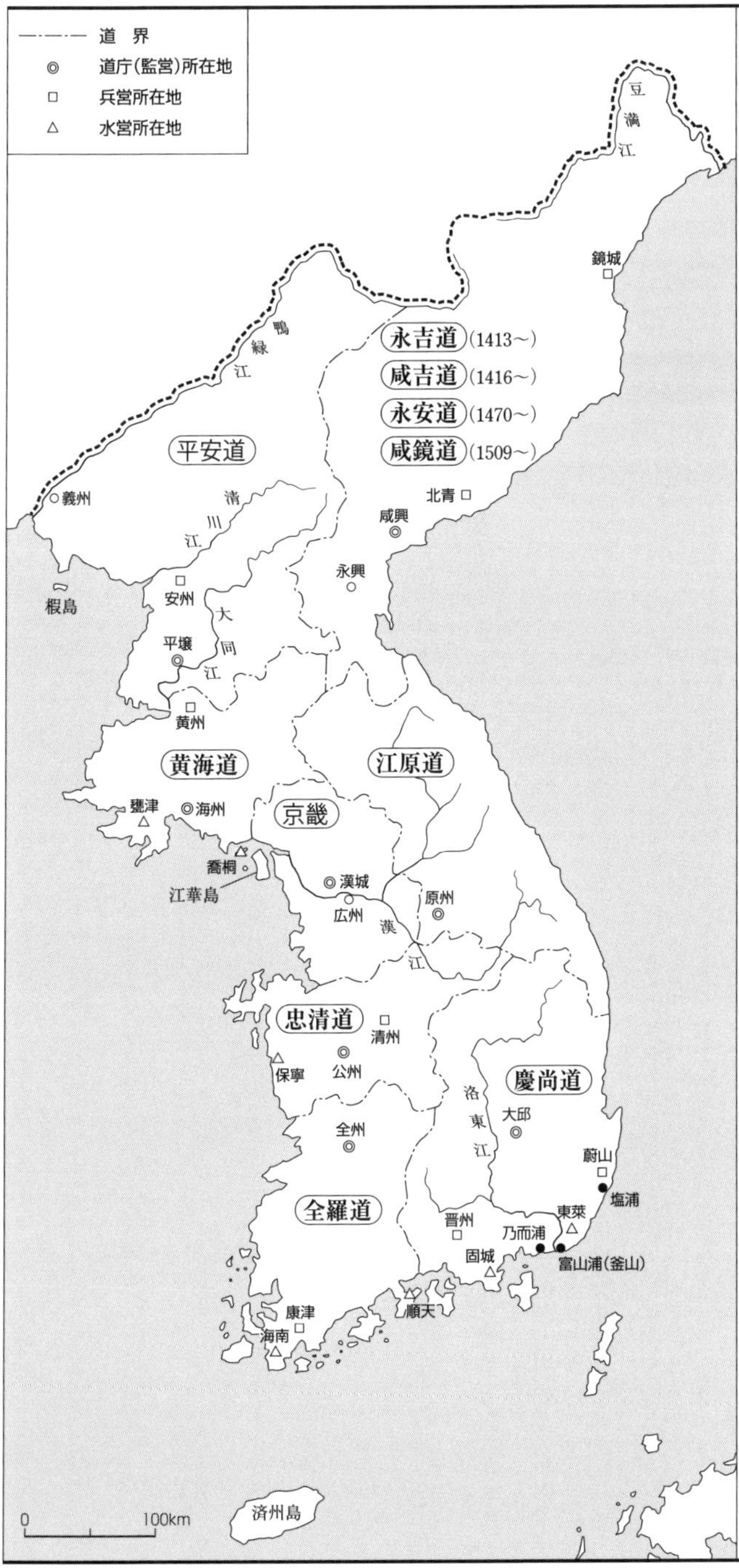

道界
道庁(監営)所在地
兵営所在地
水営所在地
豆満江
鏡城
鴨緑江
永吉道(1413〜)
咸吉道(1416〜)
永安道(1470〜)
咸鏡道(1509〜)
平安道
義州
清川江
北青
咸興
永興
椵島
安州
大同江
平壌
黄州
黄海道
江原道
甕津
海州
京畿
喬桐
江華島
漢城
広州
原州
漢江
忠清道
清州
公州
保寧
慶尚道
洛東江
大邱
全州
蔚山
塩浦
全羅道
東萊
晋州
乃而浦
固城
富山浦(釜山)
順天
康津
海南
済州島
0
100km

しかし大同法の施行が意味したのはそれだけではない。地税として徴収された大同米は、その全額がかつての貢納品調達のためだけに支出されたのではなく、一定額が地方に留置され、地方の各官府で必要な諸経費の財源としても活用されたからである。十六世紀末に勃発した壬辰《じんしん》・丁酉倭乱《ていゆうわらん》▲により危機的状況に追い込まれた国家財政を再建すること、とりわけ疲弊のはなはだしかった地方官府の財政状況を改善することもまた大同法施行に込められた大きな目的の一つだった。

また大同法では、国家の財政運営という側面でも従来とは異なる方式が採用された。一言でいえば、それは財政運営の一元化である。従来の貢納制においては、各地方官に賦課された諸物資は直接それらを消費する中央の各官府や王室関係の諸機関に納入されることになっていた。このことからもうかがえるように、朝鮮王朝の財政運営は全般的に個別分散的な傾向を強く有している点に一つの特徴がある。

これに対して、大同法ではその運営を専管する宣恵庁《せんけいちょう》という中央官府が新設され、一部の例外はあるものの、各地からもたらされる大同米は基本的にこの

▼壬辰・丁酉倭乱　豊臣秀吉が明攻略を企図して一五九二年に朝鮮に大軍を派遣した戦争と、休戦をはさんで九七年に再度朝鮮に侵攻した戦争の朝鮮側での呼称。日本では一般に文禄・慶長の役と呼ばれる。

宣恵庁に納入されることとされた。かつての貢納品の調達財源である貢価《こうか》は宣恵庁から政府公認の貢納請負業者である貢人《こうじん》などに支給され、彼らはこの貢価によって必要物資を調達し、所定の官府・王室諸機関に納入した。つまり中央に上納された大同米の収入と支出は宣恵庁によって一括管理されたのである。

もちろん大同法の施行により国家の財政運営がすべて一元化されたわけではない。これ以後も銅銭鋳造や無名雑税《むめいざつぜい》と呼ばれる官府・軍営独自の課税など、個別分散的な財政運営方式は朝鮮王朝の政府・王室諸機関において根強く残っていく。しかしそうであればこそ、大同法において一元的な財政運営方式が志向されたことはむしろ注目に値する。

このように大同法の実施は、朝鮮王朝の収取体制や国家財政において、さまざまな面で大きな変化をもたらした。本書では、こうした大同法が実施される以前の収取体制がどのようなものだったかをみたあと、大同法が十七世紀初に施行されるにいたる背景や前提条件などを、建国後二〇〇年間に進行した朝鮮王朝の社会・経済の変動と関連させて述べる。そのうえで、各地域における大同法の施行過程を概観し、さらに大同法の具体的な内容を当該制度の実施にさいして作成された「大同《だいどう》事目《じもく》」と呼ばれる運用規則集にもとづいて整理する。あわせて大同法施行後における地方財政次元での大同米の運用方式とその変化という点についても簡単にふれることにしたい。これらをつうじて朝鮮王朝の収取体制や国家財政における大同法施行の歴史的意義を多少なりとも提示することができればと考える。

ここ数年、いわゆる「韓流」ブームに乗って、朝鮮王朝を舞台とした韓国製のテレビドラマが人気を博している。それにともない、朝鮮王朝の宮廷生活や政治事件などをわかりやすく説明した一般向けの書籍もあいついで刊行されるようになった。しかしその一方で、朝鮮王朝の政治制度や経済・社会のあり方について、最新の研究成果を踏まえて体系的に叙述・解説された歴史書はいまだほとんど存在しない。本書は、ごくかぎられたテーマを取り上げるにすぎないが、朝鮮王朝に対する読者の理解を深めるための一助となるならば、この時代の歴史研究に従事する者の一人としてこれにまさる喜びはない。

①—朝鮮時代前半期の収取体制

朝鮮時代の時期区分

本書では朝鮮王朝の存続した期間を朝鮮時代と総称する。しかしひとくちに朝鮮時代といっても、一三九二年の建国から一九一〇年の「韓国併合▲」による滅亡まで五一八年にもおよぶ長い期間である。日本ならば室町時代の途中から明治末期までがこれに相当する。当然ながら、その間に朝鮮王朝の政治・経済・社会のあり方はしだいに変容していった。そこで研究者の間では、そうした変化に留意しつつ朝鮮時代をいくつかの時期に区分してその性格や特徴を考えるのが一般的である。本題にはいる前に、予備知識として朝鮮時代の時期区分について簡単にふれておこう。

朝鮮時代をどのように時期区分するかという問題は、この時代の何に着目するかによってさまざまな考え方がありうるが、もっとも一般的なのは、これを「前期」と「後期」の二期に区分するものである。そのさい画期となるのは十六世紀末に起こった壬辰《じんしん》・丁酉《ていゆう》倭乱《わらん》である。この戦争により朝鮮王朝は甚大な

▼**「韓国併合」**　一九一〇年に日本が朝鮮を植民地としたことをいう。一八九七年以後、朝鮮王朝は自国が自主独立の国であることを示すために王政から帝政へと転換し、国号も「朝鮮」から「大韓」に改めて「大韓帝国」と称した。朝鮮併合ではなく韓国併合というのはそのためである。植民地化により韓国は日本の外地としての「朝鮮」となり、日本は朝鮮総督府をおいてこれを統治した。日本による植民地支配は、日本が第二次世界大戦で連合国に降伏する一九四五年まで続いた。

被害を受け、滅亡こそまぬがれたものの、統治機構や諸制度の再構築をよぎなくされた。戦争の前後で朝鮮王朝の政治・経済・社会は大きく変容したとみなされ、そこから、戦前の十四世紀末から十六世紀末までの約二〇〇年間を前期、戦後の十七世紀初から王朝滅亡までの約三〇〇年間を後期とするのである。

ただしこのような二期区分だけではまだくくりが大き過ぎて不十分なところもある。そのため、前期についてはその前半の約一〇〇年間をさらに「初期」とし、後期についてもその終末に近い十九世紀後半以降の数十年間を「末期」とするのが通例である。このうち初期は、朝鮮王朝の建国に始まり、王朝の基本法典である『経国大典《けいこくだいてん》』▲が完成する十五世紀末までにあたる。新王朝の諸制度が整備され、支配体制が確立する時期である。一方、末期の始点を具体的にいつとするかはかならずしも明確でないが、日朝修好条規《にっちょうしゅうこうじょうき》▲の締結により朝鮮が近代的な国際法秩序に編入される一八七六年が一つの目安となるだろう。朝鮮王朝がしだいに滅亡へと向かう衰退期がすなわち末期▲である。

ところで一九九〇年代以降、韓国の歴史学界ではこうした通説的な時期区分をみなおす動きがみられるようになった。十六世紀末を画期にして朝鮮時代を

▼**『経国大典』**　吏典・戸典・礼典・兵典・刑典・工典の六典から成る。世祖(在位一四五五〜六八)の命により編纂が始められ、一四六九年には六典すべてがひとまず成立したが、その後も修正が加えられ、一四八五年に最終的に完成した。

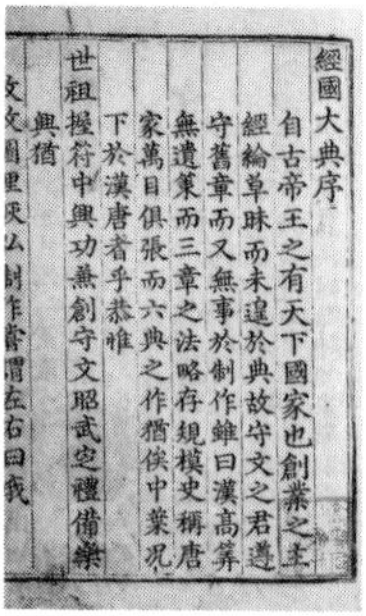
經國大典序
自古帝王之有天下國家也創業之主
經綸草昧而未遑於典故守文之君遵
守舊章而又無事於制作雖曰漢高蕭
無遺策而三章之法略存規模史稱唐
家萬目俱張而六典之作猶俟中葉況
下於漢唐者乎恭惟
世祖撥亂中興功兼創守文昭武定禮備樂
興猶

▼**日朝修好条規**　一八七六年に日本と朝鮮との間に締結された条約。日本は一八七五年の江華島事件を機に朝鮮にたいして武力を背景にして近代国際法にもとづく外交関係の樹立を迫り、本条約を締結した。開港場における日本の治外法権を認めるなど不平等条約だった。

▼**末期**　末期とは別に、朝鮮王朝が大韓帝国へと国制を変更した一八九七年以降の時期を「韓末」「旧韓末」と称して時期区分する場合もある。

前期と後期とに区分するのではなく、十六世紀から十七世紀後半にかけての時期を一つのまとまった時期である「中期」として把握しようというのである。この場合、その中期に続く十七世紀末から十九世紀後半までが後期となり、朝鮮時代は全体として初期・中期・後期・末期に四区分されることになる。

もっとも、こうした主張がなされる以前から、漠然と朝鮮時代の半ばという意味で十六～十七世紀あたりを中期と称することがなかったわけではない。しかし一九九〇年代以降新たに提唱されるようになった中期は、こうした従来の中期とはまったく異なる視点から設定されたものである。

具体的には、おもにつぎのような点が中期設定の大きな理由である。すなわち、①初期に相当する十五世紀までと十六世紀以降とを比較すると朝鮮王朝の政治・経済・社会のあり方に明確な違いがみられること、②政治史において十六世紀から十七世紀後半までは士林《しりん》政治▲ないし朋党《ほうとう》政治▲という枠組みでひとくくりにできること、③壬辰・丁酉倭乱が朝鮮の政治・経済・社会の諸方面における変容をもたらしたのではなく、そうした変容はすでに十六世紀から始まっており、戦争はただそれらを促進させた一つの契機にすぎないと考えられるこ

▼士林政治　一般に、学徳のある知識人・読書人を「士」と称し、そうした人々を集団的に示すさいに「士林」という。朝鮮でこの語が頻繁に用いられるのは十五世紀末以降である。この時期から十六世紀半ばにかけて四度の大きな政変が生じたが、それを「士禍」と称し、これにより被害を受けた官僚らを士林と表現した。その多くは十五世紀後半以降に中央官僚に登用され、しだいに政治勢力化した者たちだった。そこで通説的には彼らを「士林派」として把握する。士林派は十六世紀後半に政治の主導権を握り、以後十七世紀にかけて彼らを中心とする政治構造が維持された。

▼朋党政治　十六世紀後半にいわゆる士林派が政権を握ると、彼らやその出身母体である在地士族が複数の朋党（党派）に分かれて政権争奪をくりひろげるようになる。これを党争という。もっぱら朱子学の理論闘争のかたちをとり、しだいに熾烈化して十八世紀初には極に達した。植民地期の日本人研究者は党争を朝鮮人の民族性とからめて論じ、その否定的な側面を強調した。しかし一九

四五年の解放以後、韓国の学界ではこれを一つの政治形態として肯定的にとらえなおす作業が進められ、党争をめぐる評価は大きく変化した。

と、などである。中期設定論の背後には、通説的な前期・後期区分では朝鮮時代史の展開過程を的確に把握できないという認識があるといえる。

このような中期の設定は、本書が取り上げる大同法《だいどうほう》の施行について考えるさいにも有益である。本書冒頭にも述べたように大同法は十七世紀になってはじめて実施されたが、それは十六世紀以来進行してきた社会・経済の変動への対応という側面があり、すでに十六世紀後半からその先行形態とみなしうる制度改革が試みられていたからである。ただその一方で、制度としての大同法はあくまでも十七世紀以降に成立するものであり、十六世紀末までは十五世紀以来の収取《しゅうしゅ》体制が形骸化しつつも維持されていた。それゆえ本書では、朝鮮時代を初期・中期・後期・末期に四区分する方式を基本的な時期区分として採用しつつも、これを前後に二区分して議論すべき場合には前半期・後半期という用語を用いることとする。

朝鮮王朝の支配体制

朝鮮王朝は、国王を頂点とする中央集権的な支配体制を築いた。そして、そのような支配体制は王朝の基本法典である『経国大典』が完成する十五世紀末までにほぼ確立した。本題にはいる前の予備知識としてもう一つ、そうした朝鮮王朝の支配体制の概略についてもまとめておきたい。

　朝鮮時代、国王の手足となって国政を担ったのは、おもに科挙▲によって選抜・登用された官僚である。朝鮮王朝の官僚組織は東班《とうはん》(文班、文臣)と西班《せいはん》(武班、武臣)から成り、「両班《ヤンバン》」▲と総称された。「両班」の語は高麗時代に宋から伝わったもので、本来は文武の官僚が国王に謁見するさいにつくる列に由来する。

　王宮の正殿で臣下たる官僚が国王に謁見する儀式を朝会《ちょうかい》という。この朝会において、国王はかならず殿上に南面し、官僚はその面前、正殿の前庭に手前から官位の高い順に班次《はんじ》(序列)に従って北面して整列した。このとき文臣は東側、武臣は西側にそれぞれ分かれて整列したので、前者を東班、後者を西班といい、両者をあわせて「両班」といったのである。「両班」の語は、やがてこのような原義から離れて文武の官僚の総称とされるようになり、それが朝鮮王朝にも継承された。

▼科挙　朝鮮時代の科挙には①司馬試、②文科、③武科、④雑科の四種類があった。①と②は文臣登用試験、③は武臣の登用試験、④は通訳や医官・天文官など専門技術官僚の登用試験である。これらは、理念的には良身分ならだれでも受験資格を有したが、実際にはさまざまなかたちで受験制限がおこなわれた。また、資格はあっても受験勉強に費やす時間と経済力が必要なため、受験者はもっぱら士族など社会上層の人々にかぎられた。

▼両班　両班の語はもともと文武の官僚を指すものだったが、科挙をつうじて官僚を輩出するのがもっぱら士族層にかぎられるようになったこともあり、のちには士族に対する尊称ないし他称としても用いられた。

朝鮮時代前半期主要中央官府の職掌

官府名		職掌
議政府		官僚の統制と政務全般の統轄
六曹	吏曹	文臣人事
	戸曹	戸籍・土地制度・財政
	礼曹	礼楽・祭祀・宴享・外交・科挙・学校
	兵曹	武臣人事・軍務・駅制・兵器
	刑曹	刑法・訴訟・獄・奴婢
	工曹	工匠・土木・営繕・舟車
承政院		王命の出納

官府名			職掌
三司	台諫	司憲府	官吏の不正糾弾と風紀矯正
		司諫院	国王への諫言・論駁
	弘文館		経籍の蒐集・研究と国王文書の作成
義禁府			国事犯の収監と尋問
漢城府			王都漢城の行政・治安・司法
承文院			外交文書の作成
校書館			経籍の刊行
芸文館			国王の命令書等の作成
春秋館			国王の日常記録
成均館			朱子学教育

中央・地方の統治機構もこうした官僚制度に対応したかたちで編成された。まず東班に属する中央の行政機構では議政府《ぎせいふ》と六曹《りくそう》が中核的存在である。議政府は領《りょう》議政・左《さ》議政・右《う》議政の三つの宰相職を擁する国政の最高機関であり、ここが政務全般を総括した。一方、六曹とは吏曹《りそう》・戸曹《こそう》・礼曹《れいそう》・兵曹《へいそう》・刑曹《けいそう》・工曹《こうそう》の総称で、各種の行政はこれら六曹が分担して処理することになっていた。本書と関連する国家財政は戸曹の担当とされた。

議政府・六曹以外の重要な中央官府としては、王命の出納を管掌する承政院《しょうせいいん》と、官吏の不正を糾弾し風紀を正す司憲府《しけんふ》、国王への諫言をおこなう司諫院《しかんいん》、経籍の蒐集・研究と国王文書の作成に従事する弘文館《こうぶんかん》をあげることができる。このうち司諫院と司憲府は台諫《だいかん》と総称され、これに弘文館を加えて三司《さんし》とも称された。このほかにも義禁府《ぎきんふ》・漢城府《かんじょうふ》・承文院《しょうぶんいん》・校書館《こうしょかん》・芸文館《げいぶんかん》・春秋館《しゅんじゅうかん》・成均館《せいきんかん》などの諸官府が体系的に整備された。

つぎに、西班に属する中央の軍事機関では五衛都総府《ごえいとそうふ》と中枢府《ちゅうすうふ》が重要である。五衛都総府は王都および王宮護衛部隊である五衛の総司令部である。一方、中枢府は官制上では軍事官府だが、実際には特定の職掌はなく、無任所の高官を礼遇する機関として機能した。

　地方の統治機構に眼を転じると、まず東班に属する行政機構としては道《どう》と邑《ゆう》がその根幹をなす。このうち道は広域の行政単位で、王都漢城《ハンソン》の周辺地域である京畿《キョンギ》と慶尚《キョンサン》道・全羅《チョルラ》道・忠清《チュンチョン》道・江原《カンウォン》道・黄海《ファンヘ》道・平安《ピョンアン》道・咸鏡《ハムギョン》道▲の計八道が存在した。

　一方、道の下部行政単位である邑は、時期的な変動はあるものの朝鮮時代をつうじて全国に三三〇〜三四〇ほどがおかれた。邑というのは総称であり、各邑は実際には府・大都護府・牧《ぼく》・都護府・郡・県のいずれかを称した。こうした邑の称号の違いは歴史的な経緯や政治的重要度などにもとづく邑の格を反映したものだが、王妃の故郷や謀叛人の出身地などの理由から褒賞や懲罰として邑の昇格・降格はしばしばおこなわれた。

　道や邑などの行政機構は一定の任期で中央から派遣された地方官によって統治された。道へ派遣された観察使《かんさつし》は三六〇日間の任期中、監営《かんえい》(道庁)において政務に従事するとともに、定期的に道内を巡回して管下の地方官を監督した。

　一方、邑にはその称号に応じて官位の異なる地方官が派遣されたが、それらは

▼咸鏡道　東北辺境地帯であるこの地域は朝鮮時代になって領域化された。一四一三年に永吉道が設定され、その後、咸吉道(一四一六〜)・永安道(一四七〇〜)をへて一五〇九年から咸鏡道となった。

▼士族　官僚や読書人を指す士大夫の一族という意味で、朝鮮時代の支配階層である。朱子学の教養を身につけ、科挙により官僚を輩出する一方、儒教的な倫理・道徳の実践をつうじて地方社会に強い影響力を行使した。地主として広大な田地を所有し、経済的にも優位に立つ者が多かった。

邑の大半を占める郡と県に派遣された地方官の官名（郡守《ぐんしゅ》と県令《けんれい》）にちなんで守《しゅ》令《れい》と総称された。

守令の任期は規定では一八〇〇日間とされた。しかし任期途中での転任が一般的であり、そのため守令が任地の事情に精通することは不可能に近かった。邑内の行政実務は在地勢力である郷吏《きょうり》の手に委ねられ、彼らは中央の六曹にならった六房《りくぼう》をはじめ邑内の各種職掌を分担した。また、各邑内には支配階層である在地士族《しぞく》▲層の自治組織として留郷所《りゅうきょうしょ》も設けられていた。邑を単位とする地方行政は、中央から派遣された守令と行政実務を担当する郷吏、それに留郷所に集う在地士族層の三者により運営されたのである。

つぎに西班に属する地方の軍事機構としては営《えい》と鎮《ちん》がある。各道に一カ所以上設けられた陸軍と水軍の司令部がそれぞれ兵営《へいえい》と水営《すいえい》である。鎮はこれら兵営・水営の下部単位として編制・配置された軍事機構であり、軍事上の要地に設置された巨鎮《きょちん》とそれに所属する諸鎮《しょちん》との区別があった。

兵営には兵馬《へいば》節度使、水営には水軍《すいぐん》節度使が中央から派遣されて管下の鎮を統轄したが、それらの職の少なくともそれぞれ一つは当該道の観察使の兼任と

●朝鮮時代前半期の中央官制略図

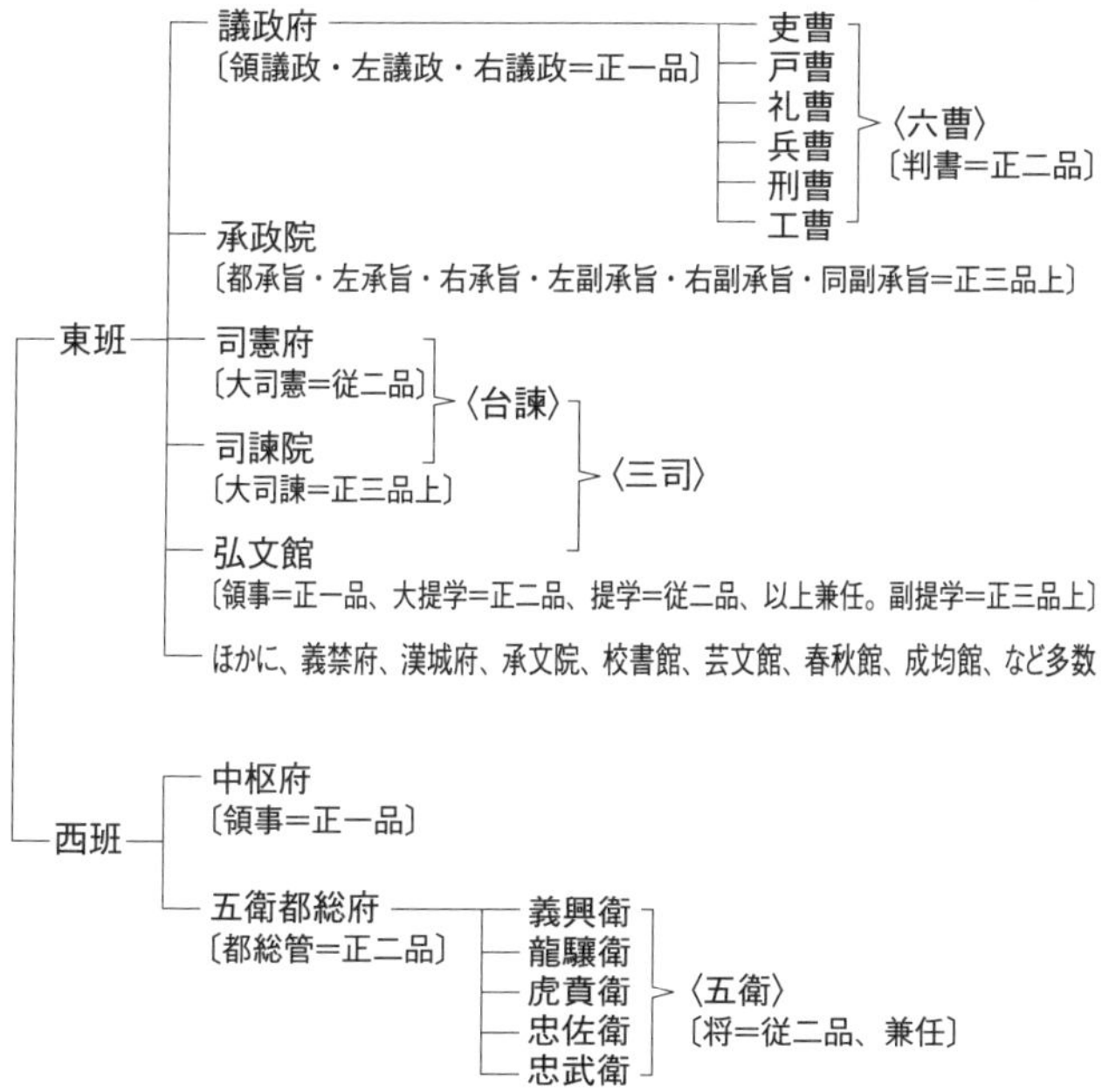

※〔　〕内は長官ないし当該機関の最高官職とその相当官品。
※〈　〉内は複数官庁の総称。

●朝鮮時代前半期の地方官制略図

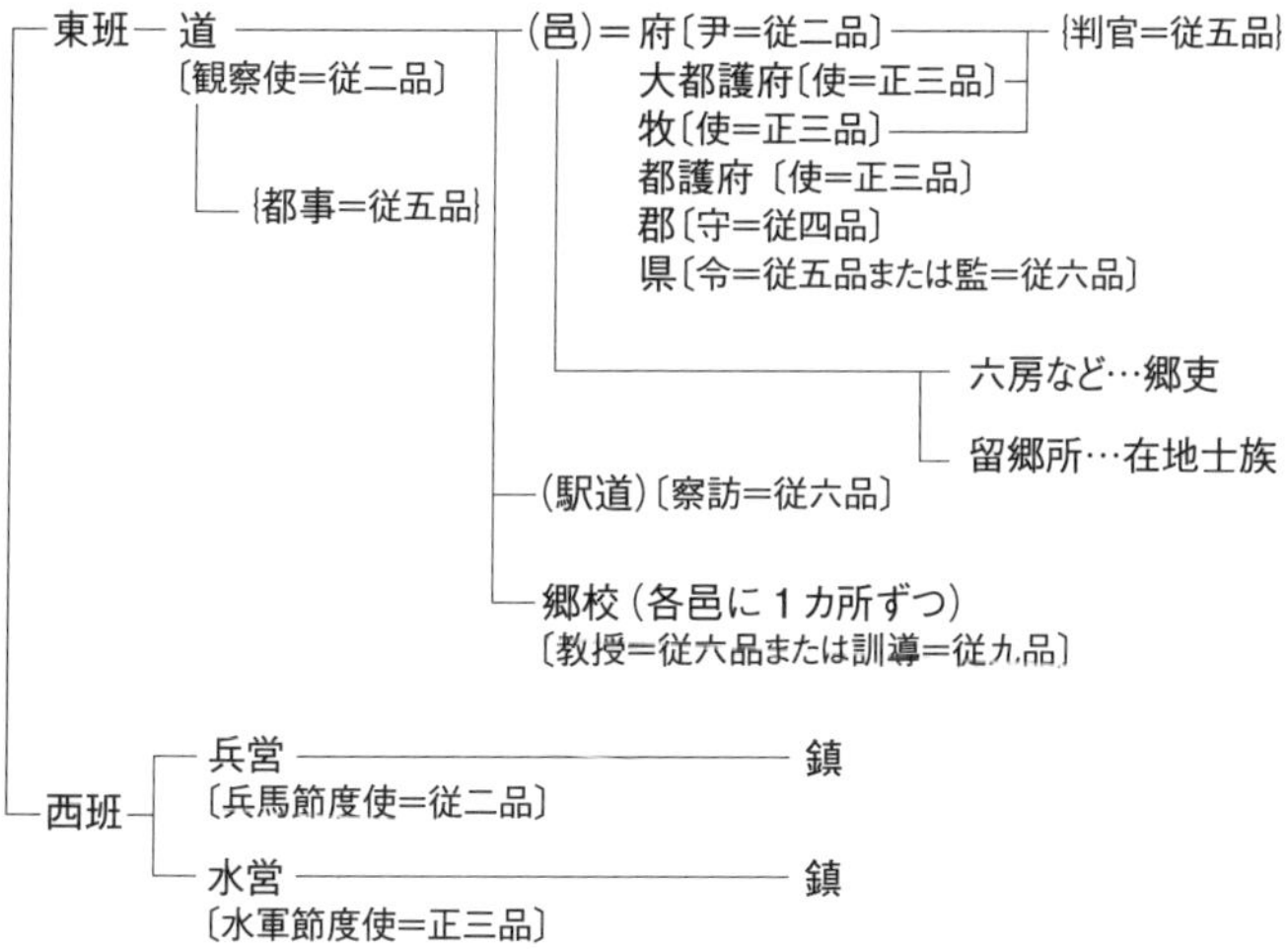

※〔　〕内は長官ないし当該機関の最高官職とその相当官品。
※｛　｝内に示した都事は観察使の副官的官職、判官は守令を補佐するために牧以上の邑に派遣された地方官。

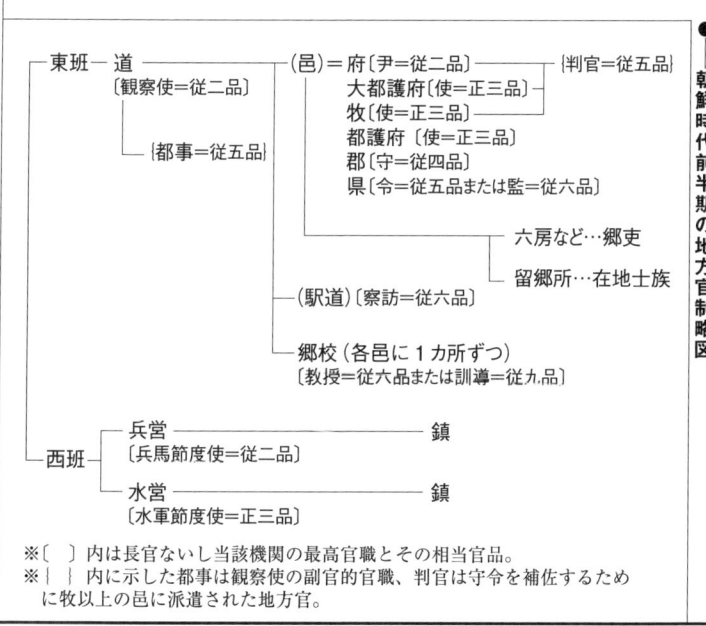

された。一方、鎮の場合、兵営管下の巨鎮・諸鎮では道内の行政機構である邑をそのまま鎮として編制し、それぞれの邑をおさめる守令が鎮の指揮官の任務も同時に兼ねたのにたいし、水営管下の水軍鎮では基本的に守令とは別個に専任の武臣が指揮官として派遣された。

土地制度と田税

いささか前置きが長くなったが、いよいよここからが本題である。十七世紀初に大同法が施行される以前の朝鮮時代前半期にはどのような収取体制が存在したのか、というところから始めよう。当時の収取体制においてその根幹をなしたのは田税《でんぜい》・貢納《こうのう》と賦役《ふえき》である。このうちまず田税とは、文字どおり田地《でんち》に賦課される地税であり、田租《でんそ》とも呼ばれた。田税は官僚に支給される禄俸《ろくほう》や各官府における諸経費の財源とされたほか、軍糧や救荒用の穀物としても使用された。

朝鮮では、遅くとも九世紀末までには全国の田地を公田《こうでん》と私田《しでん》という二つの地目に区分して把握していた。公田と私田の内実は時期によって異なるが、朝鮮時代前半期には国家機関や王室等が所有する公有地に加え、当時の田地の大部分を占めた農民自作地である民田《みんでん》も公田に分類されていた。民田は耕作を前提に私有が認められた田地であり、国家はそうした民田にたいし、そこから収穫される生産物を税として徴収した。これが田税である。

一方、私田とは公田中から国家が官僚など特定の私人にたいし特権として支給した田地をいう。ただし朝鮮時代前半期の私田は田地そのものの支給を意味せず、その田地から田税と同額の租《そ》▲を徴収する権利(収租権)を支給するものだった。当時のもっとも代表的な私田が科田法《かでんほう》の科田である。高麗滅亡直前の一三九一年に施行された科田法は、高麗後期以降権勢家や王族等に独占されていた私田の収租権を国家が没収し、官位・官職の高下に応じてそれを官僚層に再分配したものだった。

さて、田税として民田に賦課されたのは、水田では米、旱田《かんでん》(畑)では太《たい》(大豆)をはじめとする雑穀類である。しかしすべての民田に対してこうした土地生産物が田税として賦課されたわけではない。山間部では中央への輸送の便宜を考慮して麻布・綿布といった布物で代替される場合が少なくなかったし、ほ

▼**租**　田税が田租とも呼ばれたように前近代の朝鮮では税と租はしばしば混用されたが、税は国家が徴収するものについてのみ使用され、私田の田主が耕作者である佃客から徴収するものは租と呼ばれた。

かにも蜜・油・蠟などの現物が賦課される場合が多々みられた。これら土地生産物である穀物以外のものが賦課・徴収される場合には田税《でんぜい》布貨《ふか》、田税条貢物《じょうこうぶつ》などと呼ばれた。

朝鮮王朝建国当初における田税の課税額は、米であれ太であれ、田地一結《けつ》▲当たり三〇斗《と》▲(二石《せき》▲。約一八〇リットル)とされた。結とは朝鮮独自の面積表示単位であり、時期によってその算定法や実面積には違いがみられるが、朝鮮王朝建国当初のころには年間三〇〇斗(二〇石)の収穫をえることのできる面積が一結とされたので、田税の課税額は収穫の一〇分の一に相当することになる。

もっとも、年ごとに実際の作柄は異なるため、毎年の課税額はそれに応じて変動せざるをえない。そこで当初は、収穫期になると中央から各地に官吏を派遣して作柄を調査させ、その報告にもとづいてその年の課税額を決定した。豊年時の課税額を一結当たり三〇斗とし、ある年の作柄が豊年時の九割(一割の損)ならば課税額を一割減免し、八割(二割の損)ならば二割減免する、というように各年の作柄に応じて段階的に課税額を減免し、二割以下(八割の損)の場合には全額を免除した。こうした課税方式を損実踏験法《そんじつとうけんほう》という。

▼結　一結＝一〇〇負＝一、〇〇〇束＝一〇、〇〇〇把。田地を肥沃度により三等級に区分していた高麗時代半ばから一四四六年までの一結の実面積は、上田が約〇・七ヘクタール、中田が約一・一ヘクタール、下田が約一・五ヘクタールと推定される。一四四四年の貢法施行以後田地の等級は六等級に細分化されたが、このうち一等田と六等田の一結の実面積はそれぞれ約一ヘクタールと約四ヘクタールとなる。

▼斗　朝鮮時代の一斗は約六リットルで、日本の一斗の約三分の一に相当する。

▼石　一石＝一五斗なので一石は約九〇リットルとなる。日本の一石の約二分の一に相当する。

しかし損実踏験法では作柄調査のために地方へ赴く官吏の接待が農民の重い負担となり、また恣意的な調査など不正の余地も少なくなかった。そのため政府では一四二九年から課税方式の改革が議論されはじめ、二〇年近くの検討期間をへて四四年から新しい課税方式である貢法《こうほう》へ移行した。貢法は、あらかじめ田分《でんぶん》▲と年分《ねんぶん》▲とを定めて年分ごとの課税額を決めておき、その年の年分が確定するとそれに応じた課税額を徴収するものである。作柄のもっとも良い上上年の課税額は一結当たり二〇斗であり、以下年分に応じて順次減額され、もっとも悪い下下年は四斗とされた。下下年以下の凶作時には全額免除された。

これは、損実踏験法下での課税額である一結当たり三〇斗からすると大幅な減額のようにもみえる。だが実際には、国家が把握する田地の規模が拡大したこともあり、貢法施行後の税収はむしろ増加した。課税額の変更は、従来三等級だった田分を六等級に細分化するさいに量田《りょうでん》▲の方式が変更され、これにともない田地一結の想定生産量も四〇〇斗に改められたこと、また税率も二〇分の一に変更されたことによる。

しかし貢法においても毎年の年分確定のためには作柄調査が必要であり、そ

▼**田分**　肥沃度による田地の等級。貢法では一等田から六等田まで六等級。

▼**年分**　各年の作柄の等級。貢法では上上年から下下年まで九等級。

▼**量田**　田地を測量して量案（土地台帳）を改定すること。『経国大典』には、二〇年に一度実施されることが規定されていた。

のため調査に従事する守令等の不正・怠慢といった弊害が新たに生じることになった。また、同一地域内でも田地の立地条件によって作柄にばらつきがみられることから、一つの年分をどの範囲に適用すべきかという問題がその後も政府内でしばしば議論された。

田税にかんしてはもう一点だけ述べておきたいことがある。それは、朝鮮王朝建国当初、田税を課税する民田はその田税の納入先であり使用者でもある国家機関別に区分されていたことである。ちょうど私田において収租権が官僚等特定の私人に分給されたように、公田としての民田の場合にも中央官府をはじめとする各国家機関に徴税権が分配されていたのである。徴収される税物の種類やその用途ごとに個別に設定された田地のことを当時位田《いでん》といったことから、こうした仕組みは今日、各司《かくし》位田制として把握されている。これは朝鮮王朝における個別分散的な財政運営を示すものといえる。

しかしこうした各司位田制は、①各位田の地目変更手続きが複雑である、②各国家機関とその位田所在邑との結び付きが強く、それが双方実務者の結託による各種の不正行為の温床となる、③税収の増減に応じて臨機応変な財源移動が難しい、など多くの問題点をかかえていた。そのため、田税の課税方式が損実踏験法から貢法へ転換した翌年の一四四五年、地方官府関連の位田を除く中央諸官府の位田と軍糧米を徴収する軍資田《ぐんしでん》とを国用田《こくようでん》に一本化する措置がとられた。これにより、それまで国家機関別に固定されていた田税の柔軟な運用がある程度可能になった。各司位田制から国用田制への移行は中央財政の一元化をめざす朝鮮王朝最初の試みだったという点で注目に値する。

貢納――貢物と進上

朝鮮時代前半期には、政府・王室諸機関で使用する多種多様な物資を現物のかたちで地方官に割り当てて徴収する仕組みが存在した。正式な税目としては貢物《こうぶつ》と進上《しんじょう》がこれに該当するが、両者をひとくくりにして貢納制として把握するのが一般的である。田税が米・太といった土地生産物を主要な税物とし、官僚の禄俸や官府の運営経費のほか軍糧・救荒穀などの財源とされたのに対し、貢物・進上をあわせた貢納品は農産物のほか果実・水産物・鉱産物・鳥獣家畜・薬材・各種工芸品など多種多様な品目から成り、その用途も諸官府の日常業務や宮中・王室での消費、国家や王室の各種祭祀など多岐にわたっていた。

前述のように貢物と進上は税目としては本来別のものであり、賦課対象、品目、税目としての性格などにも相互に違いがみられた。このうちまず貢物についてみてみよう。貢物は地方の各邑を賦課対象とした。具体的には、ある邑にたいしてその邑からある特定の官府に納入されるある特定品目が貢物として分定された。貢物の分定にさいしてはその邑の産物や田地面積・戸口数等が参酌されることになってはいたが、明確な基準は定められておらず、貢物の品目と額数は貢物分定作業のたびに審議をへて決定されたと考えられる。

ともあれ、そのような貢物分定作業により全国の邑にたいしてそのそれぞれから諸官府に納入される貢物の品目と額が一つ一つ定められると、それらは貢《こう》案《あん》▲という歳入予定台帳に記載された。貢案には貢物を賦課・分定される邑ごとに貢物の種類・数量と納入先官府等を記載したものと、納入先である官府ごとに貢物の種類・数量と分定邑等を記載したものの二種類がつくられた。貢物を賦課される邑とその納入先官府とが当該貢物を媒介として結びついていたわけで、ここにも朝鮮王朝における財政の個別分散的性格が看取される。

▼貢案　貢案には貢物のほか進上・田税やその他の雑税まで記載されたとみてよいが、品目の多様性と数量の多さにおいて貢物と進上が他を圧倒した。朝鮮王朝では当初、歳入額に応じて歳出がなされたため、貢案には政府・王室の実際の必要経費よりも多い税額が記載された。しかし一四六四年の貢案改定のさい、歳出予定表である「横看」がはじめて作成され、政府の必要経費を勘案した歳入予定額が貢案に記載されることになった。これは朝鮮王朝の財政運営が歳出を考慮して歳入を制御する方式へ転換したことを意味する。

貢案は量田の実施と連動して改定されるのを慣例とした。しかし朝鮮時代前半期には、法制上二〇年に一度実施されるべき量田が地域によっては長期間実施されず、また量田と貢案改定が連動しない場合も多かった。その結果、貢案改定▲は頻繁にはなされず、いったん確定した貢物の品目と額数は長期にわたり固定化される傾向にあった。むろん実際には貢案記載の品目・額数だけで政府諸経費をすべてまかなえたわけではなかったので、臨時に貢物を追加徴収する必要が生じた。貢案に記載された通常の貢物を常貢《じょうこう》といったのに対し、こうして臨時に追加徴収される貢物は別貢《べっこう》と呼ばれた。

ところで、さきにも述べたように貢物の賦課対象は地方の各邑だったが、だとすると、貢物を分定された各邑ではそれをどのように調達したのだろうか。じつは、各邑における貢物の調達についてはとくに明確な規定は存在しなかった。しかし実際には大きくつぎの二つの方法で調達された。一つは各邑の官府が自調達する方法である。漆《うるし》・楮《こうぞ》・竹や各種の果実、それに薬材などを官有地で栽培して採取したほか、官で養蜂をおこなって蜜を集めたり、官府所属の工匠や人員を使役して各種物資を作製ないし採集したりした。

▼**貢案改定**　朝鮮時代前半期には、建国直後の一三九二年十月に朝鮮王朝最初の貢案が作成されたのち、部分的なものも含めて一四〇一・〇八・一六・一八・六四・七一年・一五〇二年・一六〇五年の少なくとも計八回、改定がなされたことが文献上に確認できる。

これに対しもう一つの方法は、邑内の民戸を使役して調達するものである。各邑における貢物調達としては、むしろこちらが一般的だった。後述する徭役《ようえき》により民戸から徴発した人丁を使役することで各種の物資を調達したのに加え、身役《しんえき》のうち焼木軍《しょうぼくぐん》・生鮮干《せいせんかん》といったような特殊な身役負担者▲を使役してそれぞれ特定の品目を調達した。ただし後者については、時代の推移とともにこうした特殊な身役自体がしだいに廃止されたため、彼らが負担した貢物はやがて一般民戸に転嫁されることとなった。

つぎに貢納制として一括されるもう一つの税目である進上に眼を転じよう。進上とは本来、各道の長官職である観察使や兵営・水営の指揮官である兵馬節度使・水軍節度使などが国王や王妃・王世子《おうせいし》▲をはじめとする王族、あるいは宗《そう》廟《びょう》▲などに対して献上する礼物を意味する。貢物の納入先の多くが中央官府だったのに対し、進上は礼物というその性格上、ほとんどの物資が王室機関に納入された。

進上は品目により①物膳《ぶつぜん》進上（朔膳《さくぜん》・望膳《ぼうぜん》・別膳《べつぜん》・日次膳《にちじぜん》・到界《とうかい》進上・瓜満《かまん》進上）、②方物《ほうぶつ》▲進上（名日《めいじつ》進上・行幸講武《ぎょうこうこうぶ》▲進上）、③祭享《さいきょう》進上、④薬材《やくざい》進上、⑤鷹子《ようし》進上

▼**特殊身役負担者**　焼木軍は司水監に所属して焼木（薪）上納の義務を負い、生鮮干は王室機関の司饔房に所属して川魚上納を賦課された。ほかにも薬夫・鳥捉人・鉄干・貢塩干など、朝鮮時代初期には多様な特殊身役負担者が存在したが、しだいにそれらは廃止されていった。

▼**王世子**　王位継承権者。

▼**宗廟**　歴代国王の神位（位牌）を祀る廟。国王にたいする太祖・太宗等の称号は宗廟に当該国王の神位を祀るさいにつけられるもので、これを廟号という。

▼**方物**　本来は地方の産物として献上されるものをいうが、朝鮮王朝では明にたいする進献品と、名日や行幸・講武のさいになされる進上品のみを方物といった。

▼**講武**　春と秋の二度、国王臨席のもとにおこなわれる軍事演習。このとき狩猟もあわせて実施された。

に類別できる。
①は飲食物を献上するものである。朔膳と望膳が各月の朔日（一日）と望日（十五日）に所定の飲食物を所定の王族に献上する定例の進上であるのに対し、別膳は不定期の進上、日次膳は京畿のみを対象とする特殊な進上だった。到界および瓜満進上は観察使等が着任時と離任時におこなう進上である。
②のうち名日進上は、国王の誕生日をはじめとする国家の祝日や端午《たんご》・秋夕《しゅうせき》等の名節・節日になされる進上で、甲冑や弓矢などの武具類、扇や草席のような工芸品、それに飲食物などが献上された。一方、行幸講武進上とは国王の行幸や講武にさいして地方官が行在《あんざい》に伺候しておこなう進上である。
③は宗廟・社稷《しゃしょく》▲祭祀をはじめとする各種国家祭祀での供え物を献上するもので、とくに薦新《せんしん》と称して季節の初物が定例的に献上された。④は王室で使用する各種薬材を内医院《ないいいん》▲（一四四三年以前は内薬房《ないやくぼう》）に封進した。⑤は司僕寺《しぼくじ》▲（一四三三年以前は鷹房《ようぼう》）で飼育する鷹《たか》や隼《はやぶさ》を当時それらの産地として知られた平安道・咸鏡道等から献上させたものである。献上された鷹隼類は、王室でおこなう鷹狩りに使用（その獲物は宗廟祭祀や王室の食膳にも供せられた）されたほか、一四

▼**社稷**　土地の神と五穀の神。国家の守護神として宗廟と並んで重視され、両者をあわせた「宗社」の語は国家の意味で用いられた。社稷を祀る祭壇を社稷壇という。

▼**内医院**　王室の医療業務を管掌する中央官府。

▼**司僕寺**　王室で使用する馬の飼育や輿の管理などを管掌する中央官府。

三三年以後は明への進献品にも用いられた。なお、これら①〜⑤のほか別例《べつれい》進上という臨時の進上もしばしばおこなわれた。

進上の原義は観察使等が国王や王室・宗廟等に対する礼物であっても、実際にそれらの物資の調達に従事したのは多くの場合民戸だった。しかも進上の多くは右にみたように毎年所定の時期に定例的になされるものであり、つまり民戸にとっては毎年同様の負担が課せられるわけで、これは事実上の公租公課にほかならなかった。

進上として納入される物資は、観察使や兵馬・水軍節度使等が彼らの権限において管下の各邑(もしくは各営鎮等)に分定した。分定にさいしては貢物の場合と同じくその邑の産物や田地面積・戸口数等がいちおうの基準とされたが、そのための明確な規定は存在せず、各邑内においてそれらをどのように調達するかもとくに規定されてはいなかった。とはいえやはり貢物同様、当該邑(もしくは営鎮等)の官府において調達するものと、特殊身役負担者や一般民戸を使役して調達するものとがあった。このうち進上に特有な前者の例として、水営およびその管下の鎮が設定した漁梁・漁箭などの漁場施設を用い、営鎮所属の水軍兵士を使役して水産物を採集・捕獲した事例などをあげることができる。

賦役——身役と徭役

これまでみてきた田税と貢納は、課税対象や課税方式、税目としての性格などは相互にまったく異なるものの、両者ともになんらかの物資を賦課・徴収するという点では共通していた。これらは広い意味で税の範疇でとらえることができる。これにたいし、ここで賦役というのはそうした物資を収取するものではなく、生《なま》の労働力を徴発するものである。朝鮮時代の賦役には、徴発対象の違いにより身役と徭役の区分があった。

このうちまず身役とは、国家が個別に指定した特定の個人を徴発するもので、役を課せられる者の法的身分が良人《りょうじん》▲なら良役《りょうえき》、賤人《せんじん》▲なら賤役《せんえき》▲である。しかし賤人すなわち公私奴婢《ぬひ》が負担する賤役は、たとえそれが国家機関に所有される公奴婢の場合であってもあくまで所有主のための労役の域をでず、国家的な労役である良役とは性格の異なるものといわざるをえない。ここではおもに良役についてみておこう。

▼良人　朝鮮時代には法的身分制度として良賤制が施行され、人々は良か賤のいずれかの法的身分に属した。良身分保持者である良人は、士族をその頂点に郷吏や常漢(一般庶民)をはじめとする多様な社会的身分の人々によって構成された。

▼賤人　良賤制における賤人は奴婢を指す。奴婢は国家機関や私人に所有され、所有主のために各種の労役に従事した。国家機関に所有される公奴婢と、私人に所有される私奴婢とがあった。所有主にとって奴婢は財産であり、売買・贈与・相続等の対象となった。しかしその一方で、所有主とは生計を別にし、通常は一般の良人農民と変わらない生活をいとなむ者も少なからず存在した。

▼賤役　良人の身役は壮丁のみが賦課対象だったのに対し、賤役では年齢・性別に関係なく各種の労役が賦課された。

良役は壮丁《そうてい》▲を賦課対象とした。そのもっとも一般的なものが軍役である。文字どおり兵士として軍務につく労役である。軍役にはさまざまな種類があるが、それぞれ立役と非番の期間が定められていた。軍役のなかでもとくに数の多かった正兵《せいへい》▲の場合、地方の営・鎮で立役する留防《りゅうぼう》正兵では四つの班が一カ月交替で順番に立役し、漢城に上京して立役する番上《ばんじょう》正兵では八つの班が二カ月交替で立役することになっていた。

このように一回の立役期間がさほど長くない場合でも、立役者にとって軍役は重い負担に違いなかった。居住地から任地までの旅費や立役に必要な諸経費が立役者の自弁とされたことに加え、農民の場合には立役期間が農繁期に重なると営農にも支障をきたしたからである。そこで、一部の兵種において復戸《ふっこ》と呼ばれる徭役減免措置がとられたほか、すべての良人壮丁を立役させるのではなく、一部の壮丁にたいしては立役者を支援するための負担を課した。実際に立役する者を正丁《せいてい》ないし正軍《せいぐん》というのにたいし、こちらは奉足《ほうそく》と呼ばれた。奉足は正丁にたいして労働力を提供したり綿布を納付したりした。

朝鮮王朝建国当初には戸を単位として正丁戸と奉足戸が設定され、兵種や正

▼壮丁　数え十六歳以上六十歳未満の成人男子。

▼正兵　陸軍の兵士。歩兵と騎兵とがあった。この正兵と水軍が朝鮮時代におけるもっとも普遍的な軍役だった。

丁戸の保有田地面積に応じて正丁戸一戸に対し一戸から数戸の奉足戸が割り当てられた。しかしこの方式では戸内の壮丁数が考慮されず、一つの正丁戸内のすべての壮丁が正丁として立役する場合も生じた。そのため、のちになると一つの戸から正丁として立役させる者は一名のみとし、戸内に同居する他の壮丁は当該正丁の奉足とするように改められた。

こうした正丁助役の制度が最終的に確立するのは、『経国大典』が完成する十五世紀末のことである。すなわち、戸内における正丁以外の壮丁を当該正丁の奉足とすることを認めたうえで、正丁への奉足の割り当てを「保《ほ》」という単位でおこなうこととした。奉足二名で一保とし、正丁一名に対し兵種に応じて所定の数の保が割り当てられたのである。さきにみた正兵の場合、正丁一名につき一保(奉足二名)が支給された。

ところで、良役にはこうした軍役のほかにも多種多様なものが存在した。地方官府で行政実務を担当した郷吏や、陸上交通の施設である駅の業務に従事した駅吏《えきり》なども、世襲で賦課される良役の一種である。また朝鮮王朝建国当初において特定の物資生産や採集に従事する特殊な身役が多数存在したことはさき

▼**郷校**　朝鮮王朝が地方各邑に設けた儒教教育機関。孔子廟を併設した。

▼**書院**　在地士族が各地に設立した私設の儒教教育機関。儒教の著名な学者を祀る廟とその人物の学問を学ぶ講学所から成る。十六世紀半ば以降さかんに設立され、国王から親筆の扁額を下賜された賜額書院は国家公認の書院としてさまざまな特権を享受した。

にみたとおりである。そして、これら軍役以外の良役においても軍役同様復戸や奉足など立役者の負担軽減措置がおこなわれたことはいうまでもない。しかしこのように多数の人々が良役負担を課せられた一方で、現職の官僚やその出身母体である士族層、あるいは郷校《きょうこう》▲や書院《しょいん》▲の学生など、良役免除の特権を付与された人々も少なからず存在した。

つぎに身役と並ぶもう一つの労役である傜役についてみてみよう。傜役は特定の個人を個別に使役するのではなく、民戸を賦課対象として戸内の不特定の人丁を徴発する戸役である。身役同様壮丁を徴発し、独立した戸をかまえて生計をいとなむ者であれば良・賤の身分に関係なく賦課対象とされた。

朝鮮時代の傜役は、所耕《しょこう》の役と雑役とに大別される。このうちまず所耕の役とは、「所耕田」すなわち各民戸が保有し耕作する民田の面積に応じて当該戸内から徴発すべき壮丁の人数が規定されたものである。具体的には、田税として徴収された穀物・布物などを収穫地・生産地から所定の収税地まで輸送する労役と、さきに述べた貢物・進上品の生産やその輸送にかかわる労役があり、さらにそのほかにも邑城等の造成・修築、朝鮮から明に派遣される使臣や朝鮮を訪れる明の勅使の携行物資の輸送など、国家にとって重要な意味をもつ各種の労役がこれに該当する。一方雑役とは、必要に応じて守令が徴発する地方官府関連の比較的小規模な労役である。

いまも述べたように、所耕の役は各民戸の所耕田の面積に応じて立役する壮丁数を決定するものだが、朝鮮王朝建国当初にはこうしたいわゆる計田法《けいでんほう》ではなく、各戸の壮丁数を基準にして立役者数を定める計丁法《けいていほう》や、計丁法と計田法の折衷方式などがおこなわれた。しかし一四三一年に計田法が正式に採用されるとこれがしだいに定着し、その結果、所耕の役と雑役との区分も生じたのである。その後、七一年には民戸の所耕田八結ごとに一名の割合で立役させ（八結回分定という）、立役期間は毎年六日間とする役民式が定められ、これをもって徭役の立役方式は確立した。

しかし毎年六日間という立役期間にかんする規定は実際にはほとんど遵守されず、しかも所耕の役以外の雑役については、そもそもこのような役民式の適用範囲外にあったため、守令による任意の徴発が頻繁におこなわれた。王族など特権的身分の者や特定の身役負担者、あるいは国家からなんらかの褒賞を受けた者や自然災害の被災者などを対象にして所耕の役以外の雑役を免除する措置である復戸がおこなわれたが、徭役もまた立役者にとって重い負担だった。

②—貢納制の弊害とその改革

十五世紀末〜十六世紀の社会・経済変動

前述のように、朝鮮王朝は初期の約一〇〇年間をつうじて諸制度を整備し、支配体制を確立した。しかしその一方で、すでに十五世紀後半ごろから社会や経済の各方面でさまざまな変動がみられるようになり、中期すなわち十六世紀にはいるとそれらはしだいに本格化していく。この時期の主要な社会・経済変動としては、①収租権分給制度としての私田制度の崩壊と私的大土地所有の進展、②貢納制における防納《ぼうのう》の一般化、③賦役《ふえき》の布納化、の三つをあげることができる。

まず①にあげた収租権分給制度としての私田制度とは、科田法《かでんほう》のことである。高麗滅亡直前の一三九一年に施行された科田法は、朝鮮王朝建国後も官僚への収租権分給制度として存続した。科田法では官位・官職保持者にたいし、現職であるか否かを問わずその官位・官職の高下に応じて所定面積の科田が分給された。受給者である田主が死亡すれば科田の収租権は国家に回収されるべきも

▼守信田　科田の受給者がなくなったのち、その妻に対して科田の一部の収租権を与えたもの。
▼恤養田　科田の受給者およびその妻がなくなったのち、子弟の養育を名目として科田の一部の収租権を当該子弟に与えたもの。
▼功臣田　国家への功績により功臣に録せられた臣下に対して恩典・賞与として収租権を分給した田地。
▼別賜田　国王から特定の臣下に対して特別な恩典として収租権を分給した田地。

のとされたが、実際にはその一部が守信田《しゅしんでん》▲や恤養田《じゅつようでん》▲の名目で田主の死後も遺族の手元に残され、事実上の世襲が認められた。さらに功臣田《こうしんでん》▲・別賜田《べっしでん》▲など国王の恩典として支給された特殊な私田は、そもそも当初から世襲が許された。

しかし科田をはじめとする私田世襲化の進展は、科田の支給対象である官僚数増加とあいまって、科田不足という事態を生じさせた。そこで政府は一四六六年に科田法を廃して職田法《しょくでんほう》を施行することで収租権分給を現職者のみに限定し、さらに七八年には職田における租の徴収とその田主への支給を官が代行する官収官給制《かんしゅうかんきゅうせい》を実施した。しかしこのような改革にもかかわらず科田不足は改善せず、そうしたなか一五五六年ごろには職田法自体が廃止され、官僚層への収租権分給制度としての私田制度は消滅した。

十六世紀後半になって収租権分給制度としての私田制度が消滅した背景には、官僚やその出身母体である在地士族層による私的大土地所有の進展、換言すれば彼らの地主としての成長という事実があった。この時期、官僚や在地士族層は農荘《のうしょう》とも呼ばれた広大な私有地を保有し、もはや国家による収租権分給に依存する必要がなくなっていたのである。官僚・在地士族層による私的大土地所有の進展は、一方で農民の階層分化をうながし、多くの農民が自作地を失って小作農へ転落した。官僚・在地士族層の私有地ではこうした農民を用い、収穫の半分を地主におさめる並作半収制《へいさくはんしゅうせい》による地主・小作経営がおこなわれた。

つぎに②にみえる防納とは、貢物《こうぶつ》・進上《しんじょう》として上納される各種物資の調達と納入を、本来それらを分定された各邑《ゆう》にかわって請け負う行為をいう。防納従事者たちは自身が請け負った物資の代価を当該邑の民戸から米や綿布のかたちで徴収して利益をあげた。貢納《こうのう》制における防納はすでに朝鮮王朝建国当初から記録に確認できるが、とくにそれが活発になるのは十五世紀後半以降のことであり、以後十六世紀にかけて一般化していく。

貢納制において防納が一般化していったのにはいくつかの理由がある。その一つは、貢納品の調達・納入を課せられた民戸の負担の重さである。前述のように、貢納制はその賦課対象品目が多岐にわたり、しかも地方官府で調達される一部のものを除けば、大多数の貢納品の調達と輸送は基本的に一般民戸に課せられた。そのため、民戸はおもに徭役《ようえき》をつうじて多種多様な貢納品の調達・輸送に動員された。しかも民戸にたいする明確な賦課基準が定められていなかったことから、民戸間で負担の不均等という問題も生じていた。

だがそれだけではない。貢物・進上の分定にさいしては各地の産物が考慮されることになっていたが、実際にはその地に産しない物資が分定されることもあった。また、かつては産していたものが時間の経過とともに産しなくなることも少なからずみられた。しかしいずれの場合であれ、いったん貢案に記載された品目と数量は長期間維持され、そうしたいわゆる不産貢物の調達が、それらを賦課された民戸の負担をいっそう重いものとした。

貢納制における防納出現のもう一つの理由は、貢納制それ自体が制度として構造的な不備・矛盾をかかえていた点である。貢納制では賦課対象品目が多岐にわたるだけでなく、納入先機関もまた多岐にわたり、納入元の各邑と納入先の各機関とが品目ごとに複雑な関係を築いていた。そのため納入手続きがきわめて煩雑となり、それが納入実務に従事する担当官吏の不正▲を誘発する一因ともなった。さきに述べた賦課基準の曖昧さにともなう民戸間の負担の不均等や、貢案の長期固定性に由来する不産貢物調達の問題も、もとを正せば貢納制における構造的な不備・矛盾の一つということができる。

▼担当官吏の不正　点退による不正がその代表的なものである。点退とは、貢納品を収納するさい各官府においてその品質を点検して基準に満たないものの納入を拒否して却下することをいう。各官府の胥吏・公奴婢らはこの仕組みを悪用し、貢納品を持参した各邑の郷吏等に賄賂を強要した。

▼胥吏　各官府において末端の行政実務に従事する吏。

防納は、貢納制がはらむこのような問題点のゆえに必然的に出現することになったものである。防納はその当初から広く社会各層の人びとによりおこなわれたが、とくに十五世紀前半には中央官僚や守令《しゅれい》、僧侶・商人等による防納が一般的だった。ところが十五世紀後半以降になると、貢納品の受け入れ担当者でもある中央各官府の胥吏《しょり》▲と公奴婢《こうぬひ》が防納を独占するようになり、十六世紀にかけてしだいに専業化の傾向を強めていった。

防納従事者たちは王族や政府高官などの有力者と結託し、民戸から法外な額の代価を徴収して暴利を貪った。その結果、民戸はその負担に苦しむこととなったため、政府は一四〇九年にこれを禁断する措置をとった。しかしすでに慣例化していた防納を根絶することは難しく、またさきにふれた不産貢物の調達問題など、貢納制それ自体が防納なしでは成り立たない側面を有していたこともあって、しだいに部分的に防納を認めるようになり、五五年から五九年までの間に全面的な公認へと拡大した。

だが防納の弊害はやはり看過できず、六八年には一転してふたたび禁令が出された。以後、大同法の施行にいたるまでこの禁令が維持されることになるが、

▼**奉足の負担**　軍役のなかでもとりわけ負担の重かった船軍（水軍の兵士）の場合、当初、正丁と奉足が交互に立役することが認められていたが、一四五四年に兵士の質を維持するという理由から奉足の立役が禁じられた。

それにもかかわらず、防納はいっそうの隆盛を極め、いまも述べたように中央各官府の胥吏や公奴婢などを中心に独占化と専業化が進んでいく。貢納制はその直接負担者である一般民戸にとって、事実上、米や綿布を納入するものとなっていったのである。

最後に③の賦役における布納化の進展についてみておこう。本来は生の労働力を徴発する賦役においても、それにかえて綿布を納入・徴収することが十五世紀後半から十六世紀にかけて一般化していった。

例えば、身役において立役者たる正丁《せいてい》の助役者として設定された奉足《ほうそく》は、すでに十五世紀前半から正丁にたいして綿布を納付していた。▲むろんこれはあくまで正丁・奉足間でのことであり、政府や担当の官吏が直接関知していたわけではない。したがって奉足が助役価として正丁におさめる綿布の額にも規定はなかった。しかしその結果、正丁が多額の綿布を徴収して奉足の疲弊をまねいたため、一四六九年にはじめて納付額が公定された。奉足の正丁への綿布納入を政府が公式に認めたわけである。

また、私奴婢《しぬひ》の逃亡や、良役《りょうえき》のうち軍役以外の労役で立役者の怠慢・忌避による欠役が生じた場合、役価と称して贖罪のための綿布徴収が朝鮮王朝建国当初からおこなわれており、すでに十五世紀前半にはその額も公定されていた。一方軍役では、そのなかでもとりわけ負担の重かった水軍を対象に、地方軍の指揮官が立役者から綿布等を収賄して役負担を免除する行為がやはり十五世紀前半からおこなわれていた。こうした放軍収布《ほうぐんしゅうふ》は明確な違法行為であり、貧寒な者に役負担が集中する弊害もあったため、政府はこれを厳しく取り締まったが、十五世紀後半以降、水軍以外の軍役にも急速に拡大していった。

このほか、身役において立役者が自身にかわって綿布による代価の支給と引き換えに他の者を立役させる行為を代役《だいえき》といい、やはり朝鮮王朝建国当初からみられた。これも違法行為として禁断の対象とされたが、政府はそれを抑えることはできず、一四五八年に賤役である選上奴《せんじょうぬ》▲の代役が公認され代役価が公定されたのを皮切りに、段階的に公認されていった。正兵や水軍でも九三年、本務以外の労役に使役する場合にかぎり代役を認めたが、十六世紀にはいるとそうした制限は有名無実化し、代役は常例化した。

こうして身役は正丁や奉足にとっては綿布をおさめる人頭税的な性格のもの

▼**選上奴**　地方各邑から選抜されて中央の諸官府に送られ、各種労役に使役された公奴。

となり、国家はその収入を財源にして兵士や労働者を雇用する給価雇立制へとしだいに移行した。そしてそれは身役のみにとどまらず、徭役においても十五世紀末以降、同様の変動が進行することとなった。

貢納制改革論議

このように、朝鮮王朝ではちょうど初期から中期へと移行する十五世紀後半ごろから社会・経済の各方面でさまざまな変動がみられるようになり、十六世紀にはそれが本格化した。なかでも貢納制における防納の一般化と賦役の布納化は、それまで多様な形態で賦課されていた民戸の税負担が米・綿布へと一元化していく過程としてとらえることができる。その背景には、十五世紀以降農民の小経営がしだいに発展し、労働力よりも土地の生産物を徴収するほうが支配する側にとっても利益が大きくなってきたということがあった。従来の収取体制が現実社会のありようと齟齬をきたすようになってきたわけである。

しかしその一方で、貢納制における防納の一般化という現象は利益追求をめざす防納従事者による法外な代価徴収という弊害を生じ、民戸をおおいに苦しめたこともまた事実である。防納の代価は貢物《こうぶつ》の時価に比べてその一〇倍から一〇〇倍にも達したとされる。そもそも防納は、負担の不均等や不産貢物、複雑な納入手続きなど、貢納制度それ自体に内在する構造的な不備・矛盾に由来するところが少なくなかった。初期に試みられた防納の禁断措置が徹底しえなかったのもそのためである。結局、防納の弊害を抜本的に解消するためには貢納制の制度改革が必要だった。

たとえ防納の弊害がなかったとしても、貢納制の不備・矛盾は貢納品調達に使役される民戸の負担を重いものとしていた。しかも、いまも述べたように従来の収取《しゅうしゅ》体制と現実社会との間にずれが生じている状況にあって、国家財政の相当な部分を占める貢納《こうのう》制の改革はやはり焦眉の課題に違いなかった。こうして、中期になると貢納制の改革が重要な政策課題として政府内で論議されるようになる。

まず、一五〇六年に暴君として知られる燕山君《ヨンサングン》▲を廃して中宗《チュンジョン》▲が即位し、趙《チョ》光祖《グァンジョ》▲をはじめとする士林《しりん》勢力が政治を動かすようになると、当時用いられていた「壬戌貢案」を対象に、貢納品の産・不産および足・不足の不均等を是正

▼**燕山君**（在位一四九四～一五〇六） 朝鮮王朝第十代国王。廃位され、宗廟に神位を祀られなかったため、他の国王と異なり廟号がない。

▼**中宗**（在位一五〇六～四四） 朝鮮王朝第十一代国王。

▼**趙光祖**（一四八二～一五一九） 文臣。本貫は漢陽。中宗代に登用され、朱子学理念にもとづく内政改革を進めたが、急進的な政策が勲旧勢力らの反発を買い、一五一八年に投獄・配流され、翌年賜死（己卯士禍《きぼうしか》）。

しようとする論議が一四年から始まった。「壬戌貢案」とは、王室供上品を加徴するために○二年にそれ以前の貢案を改定したもので、燕山君時代の乱脈財政の象徴でもあった。貢案改定作業はかならずしも順調には進まなかったが、数度の試行錯誤をへて○五年に「乙巳貢案」が新たに制定されることで一段落した。「乙巳貢案」は大同法実施まで朝鮮王朝の基本的な貢案とされた。

しかしこのような貢案改定論は、「任土作貢《にんどさっこう》」(その土地の産物に応じて貢納品を設定する)という貢納制本来の原則を維持したまま過重で不均等な民戸負担を解消することのみをめざしたものであり、あくまでも貢納制の存続を前提とした改革論議だったといえる。貢案改定は当時「貢案詳定《しょうてい》」とも表現されたが、十六世紀後半ごろになると、こうした単なる貢案改定にとどまらない貢納制改革が「貢案詳定」の名のもとに論議されるようになる。

すなわちそれは、各邑に分定されている各種貢物の時価を米または綿布に換算して算出し、それを道《どう》ないし邑を単位に割り当て、当該道・邑内の田地《でんち》の面積に応じて一結《けつ》当たりの賦課額を決定する、というものである。現物から米ないし綿布へと民戸の負担を変更し、徴収した米・綿布を財源にして道ないし邑

▼**校理**　弘文館の官員の一つで正五品の職。

▼**李珥**(一五三六〜八四)　文臣・学者。本貫は徳水。号は栗谷《ユルゴク》。李《イ》滉《ファン》(号は退渓)とともに朝鮮王朝を代表する朱子学者として知られる。自身の学問を政策に活かすために各種の提言を積極的におこなった。

▼**「東湖問答」**　『栗谷先生全書』巻一五所収。

▼**巡撫御史**　地方を巡回して民弊の調査と救済の任にあたるべく王命により派遣された臨時の使臣。

▼**金誠一**(一五三八〜九三)　文臣。本貫は義城。一五九〇年に通信使の

副使として来日して豊臣秀吉と面会し、帰国後、日本の侵略はないと復命した。壬辰倭乱中は慶尚道に赴任して義兵の召募に努め、まもなく観察使に任じられたが、九三年に病死した。

▼「**黄海道巡撫時疏**」『鶴峯先生文集』続集巻二所収。

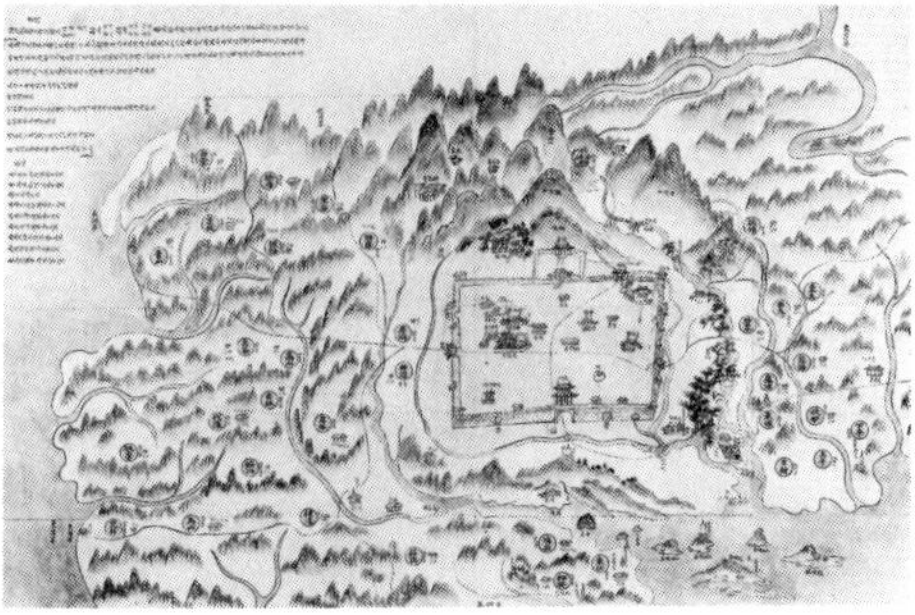
『**海州地図**』(一八七二年)

レベルで所定の貢物を調達・上納することが企図されたわけで、これにより田地の保有額に応じて民戸の負担を均等化し、防納従事者による民戸からの法外な代価取り立てを防止しようというのである。

こうした収米・収布法実施のための貢案詳定論として、例えば一五六九年に弘文館校理《こうぶんかんこうり》▲の李珥《イイ》▲が「東湖問答《とうこもんどう》」▲において展開した主張をまずあげることができる。李珥は、黄海道《ファンヘ》海州《ヘジュ》において貢物にかえて田地一結当たり米一斗を徴収し、官で直接貢物を調達して上納しているのを目撃し、これを救民の良法と激賛した。そしてこの方式を全国に拡大すれば防納の弊害はすぐに解消するだろうと述べ、そのための前提として貢案詳定を提起した。

また、その一四年後の八三年、巡撫御史《じゅんぶぎょし》▲として黄海道に赴いた金誠一《キムソンイル》▲は「黄《こう》海道巡撫時疏《かいどうじゅんぶじそ》」▲において当時白川《ペクチョン》・海州・載寧《チェリョン》等でおこなわれていた「大同除《じょ》役《えき》」の全国拡大を要請した。ここでの大同除役とは邑内に分定された各種貢物についてそれぞれ時価を算定し、それを田地に割り当てて負担させる方式のことであり、李珥が海州で目撃したものと同一の方式による収米法だったとみてよい。金誠一は貢案詳定を念頭においてこうした大同除役＝収米法の全国化を主張した。

ところで、李珥や金誠一のこうした貢案詳定論からも明らかなように、十六世紀後半には黄海道の一部の邑において収米・収布法が実施されていた。この点は留意すべきである。さきに指摘したように、防納の一般化にともない民戸の負担も事実上現物から米・綿布に移行していた。そのようななかで防納の弊害を排除した民戸への課税方式が各地でおこなわれるようになっていたわけである。ただしこの時点では、それはまだ国家の法制ではなく、あくまで守令が自身の裁量でおこなっていた一種の慣行にすぎなかった。とはいえその内実は大同法《だいどうほう》の先行形態とみなしてよく、十七世紀になるとこうした慣行は「私大《しだい》同《どう》」とも呼ばれた。守令による私的な措置だったために「私」字が冠されたのである。

朝鮮時代中期における貢納制改革論議のなかには、防納それ自体への対応策にかんするものもみられないわけではない。例えば、防納従事者である中央各官府の胥吏や公奴婢らにたいする糾察を強化したり、各官府の胥吏の一種で、防納従事者の中心として問題視された書員《しょいん》を書吏《しょり》に代置したりする措置などが

▼**差使員**　各道の観察使が、ある特定の業務を処理するために管内各邑の守令中から選抜して任用する役職。

論議された。さらに差使員《さしいん》▲を定めて貢物の納入を監視させることにより、防納従事者の介入を阻止しようとする策も考案された。

しかし、それらの対応策では防納の弊害を除去することはできなかった。防納従事者にたいする取締りや規制強化が困難となれば、彼らによる代価徴収行為に官が直接関与するほかない。すなわちそれは、さきにみた貢案詳定論同様、収米・収布法の実施である。防納はもともと貢物の代価として米・綿布を要求する行為であり、収米・収布はいわば防納の前提だったからである。

こうして、この時期における貢納制改革論議は、当時の社会の現状にあわせて民戸から米または綿布を徴収する収米・収布法の実施という方向に収斂していった。しかしこうした論議がすぐさま大同法の実施に直結したわけではない。当時構想されていた収米・収布法は私大同の全国化という域をでず、民戸の負担を現物から米・布へ公式に変更したとしても、邑ないし道が中央諸機関に納入するものは従来どおりの現物だった。また、のちの大同法のように地方財政や賦役の一部まで含めて地税化したものでもなかった。

柳成龍の貢物作米

ところで、こうした貢納制改革論議とはやや次元を異にしたところで、十六世紀末から十七世紀初にかけて政府主導による貢物・進上等の作米《さくまい》(米に換算)が検討され、一時的ながらも実際におこなわれた。それは一五九二年に勃発した壬辰倭乱を契機とする。すなわち同年四月、戦争の始まりとともに貢物・進上等を平時のようには徴収できなくなったため、前年度未納分以降の貢物・進上の相当量を減免するとともに、残余部分についても現物ではなくその時価分を米にかえて徴収し、軍糧穀の補塡に充てたのである。当初、米の徴収額は邑によってまちまちだったが、田地一結につき七~八斗《と》を徴収したところもあった。

しかし、これはあくまで戦時という特殊な状況のなかで貢物・進上の本来の用途を一時的に変更し、軍糧穀を確保するためにとられた臨時の措置だった。このように臨時に貢物・進上の用途を変更するために作米して上納させたのはなにもこのときがはじめてではなく、朝鮮時代初期からいくつかの事例が確認できる。ただ今回はその後の展開が異なっていた。

▼**宣祖**（在位一五六七〜一六〇八）　朝鮮王朝第十四代国王。

▼**柳成龍**（一五四二〜一六〇七）　文臣。本貫は豊山。壬辰・丁酉倭乱時は朝鮮側の宰相として対応にあたった。戦後に著した『懲毖録』は今日、壬辰・丁酉倭乱研究の第一級史料の一つとされる。

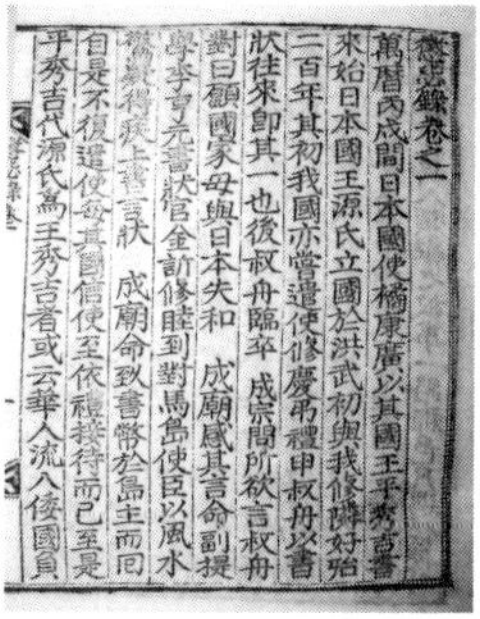
懲毖録巻之一
萬暦丙戌間日本國使橘康廣以其國王平秀吉書
來始日本國王源氏立國於洪武初與我修隣好殆
二百年其初我國亦嘗遣使修慶弔禮申叔舟以書
狀往來即其一也後叔舟臨卒　成宗問所欲言叔舟
對曰願國家毋與日本失和　成廟感其言命副提
學李亨元書狀官金訢修睦到對馬島使臣以風水
驚悸得疾上書言狀　成廟命致書幣於島主而回
自是不復遣使毎其國信使至依禮接待而已至是
平秀吉代源氏爲王秀吉者或云華人流入倭國負

『懲毖録』

▼**「陳時務箚」**　『西厓先生文集』巻五所収。『宣祖修正実録』巻二八、二七年四月己酉条にも一部省略されて収録。

開戦の翌年である九三年十月、休戦により避難先の義州《ウィジュ》から漢城《ハンソン》に帰還した宣祖《ソンジョ》▲は翌九四年正月、「貢案詳定」を下命した。燕山君時代の「壬戌貢案」は八一年に一度改定が試みられたが、戦争勃発までは依然としてそのまま使用されていた。ところが戦争の混乱により全三巻中の上巻が失われたため、臨時措置としてそれ以前の貢案（おそらく一四七三年改定のもの）を用いざるをえない状況になっていた。それゆえこうした王命が出されたのである。そしてこれが、従来とは異なる新しい貢物作米論議へと発展していった。

すなわち同年四月、当時領議政《りょうぎせい》の地位にあった柳成龍《ユソンニョン》▲は「陳時務箚《ちんじむさつ》」▲において軍役制度の改革を提起し、漢城における各種身役を廃止し、奉足（保《ほ》）を含めたすべての身役負担者から一人当たり米一石を徴収して軍糧穀にあてることを建議した。また、あわせて貢納制においても貢物を作米して徴収することを主張した。この貢物作米は、一時的な用途変更にともなうものではなく、またそれ以前に構想されていた収米・収布法とも内容的に大きく異なるものだった。

それまでの収米・収布法は邑や道のレベルでの収米・収布だった。この場合、当該邑もしくは道では徴収した米・綿布を財源にして貢納品を調達し、政府・

王室諸機関に上納することになる。つまり防納の弊害を解消するために防納代価を官が徴収して防納従事者に支給するものだったといえる。これに対し柳成龍の主張した貢物作米は、貢納制それ自体を廃止し、貢納を地税化しようとするものだった。政府・王室諸機関に上納されるのは現物ではなく米であり、それを財源に政府・王室諸機関が必要物資を調達するのである。

柳成龍の主張したこの貢物作米は、同年秋から一部を除いて施行された。田地一結当たりの課税額は米二斗とされたので、一五九二年の貢物作米に比べて民戸の負担は大きく軽減されたといえる。柳成龍は当初、この課税額で総額七万石の税収をみこんでいた。しかし戦争の渦中で田地の荒廃▲が進んでおり、実際には所期の成果をえることは困難だった。実施初年である九四年については不明だが、翌九五年の場合、税収は総額五万石にも満たなかったとされる。

しかも、王都漢城内の市廛《してん》▲をつうじて政府・王室諸機関が必要とする各種物資を随意に調達することも容易ではなかったようで、九六年には一部の緊要物資について旧制による現物徴収がなされた。また、すでに九五年にはこの施策の弊害を指摘して中止を唱える者が政府内にあらわれている。こうしたなか、

▼田地の荒廃　乱後の一六三四年において国家が把握しえた朝鮮全土の田地は三〇余万結にすぎなかった。乱前にはいわゆる三南地方だけで全羅道四〇余万結・慶尚道三〇余万結・忠清道二七万結の田地が把握されていたというから、この戦争により田地の荒廃が進み、国家の把握する田地が激減したことがわかる。

▼市廛　常設店舗をかまえ、政府から特定商品の独占販売権を与えられた商人組合。絹織物などの高級品から食料品・雑貨など日用品全般にいたるまで、取り扱い商品ごとに組織された。中国製絹織物などの高級品をあつかう六つの市廛は六矣廛と呼ばれ、市廛のなかでもより特権的な地位を認められていた。

貢物作米は遅くとも戦争終結後九九年までの間に廃止されたものと推定される。

柳成龍による貢物作米は当時の現実的要求に対応した貢納改革策だったとはいえようが、やはり戦時における応急策という性格はぬぐえなかった。なによりも、この施策では従来の収米法同様、地方官府の運営経費や必要物資の調達にたいする措置がまったく講じられず、作米された税収は全額中央に上納された。戦争により深刻さをました地方財政の再建にはなんらの効果ももたらさなかったのである。

また一結二斗という税負担は一見するとかなり軽いもののようにみえるが、いまも述べたようにそれが包摂する範囲は中央の政府・王室諸機関の財源にかぎられていた。地方の農民はこれ以外にも各種の名目で田地に課税されていたし、貢物作米においても実際には一結二斗のほかに各種の付加税が加算された。そのため、貢物作米の施行がすぐさま負担軽減に結びつくことはなかった。さらに貢物作米は一般の農民だけではなく、地主でもある士族層に対して新たな負担増をしいるものでもあったため、彼らがこれに対して猛烈に反対した点も忘れてはならない。

このほか、徴収した米を財源に政府・王室諸機関の必要物資を調達しようとしても、前述のように漢城の市廛はまだ復興の途上にあり、政府・王室諸機関の需要に十分にこたえるだけの物資供給能力をもちえなかった点も重要である。貢物作米を全国的規模で施行するためにはそれを可能とする商品流通経済の存在が前提条件となるが、戦争にともなう田地の減少と労働力の疲弊は農業生産力を減退させ、また全国的な流通機構も麻痺した状況にあって、漢城の市廛に搬入される商品の量もごくかぎられていたとみなくてはならない。

③——大同法の施行過程

最初の大同法——京畿での実施

柳成龍《ユソンニョン》の提起により一五九四年から施行された貢物作米《こうぶつさくまい》は、戦時応急策の性格を完全には払拭できず、しかも民戸の負担軽減にも直結しなかった。反対論も強く、結局わずか数年で廃止に追い込まれ、以後はまた従来の貢納《こうのう》制が復活した。とはいえ防納《ぼうのう》はすでに常態化し、民戸にとって貢納は事実上米布の負担と化していたから、そうした現実に対応しつつ重い防納代価の徴収にあえぐ民戸の負担を軽減し、均等化するための新しい収取《しゅうしゅ》の仕組みを準備することが政府における焦眉の課題とされたことに違いはなかった。その新しい仕組みとして十七世紀にはいると登場してくるのが大同法《だいどうほう》である。

国家の把握する田地《でんち》の拡大を企図して一六〇一年から〇四年にかけて全国規模の量田《りょうでん》が実施され、また懸案だった貢案改定が〇五年の「乙巳貢案」制定によりひとまず完了すると、〇八年、戸曹参議《こそうさんぎ》▲の韓百謙《ハンベクキョム》▲と領議政《りょうぎせい》の李元翼《イウォンニク》▲があいついで貢物作米の施行を光海君《クァンヘグン》▲に上疏した。このうち五月になされた李元翼

▼**参議**　戸曹の官員の一つで、正三品職。

▼**韓百謙**（一五五二〜一六一五）　文臣・学者。本貫は清州。易学や地理・歴史研究で大きな成果をあげた。『周易伝義』の校正に従事し、また『箕田考』を著した。文集に『久菴集』がある。

▼**李元翼**（一五四七〜一六三四）　文臣。本貫は全州。光海君・仁祖代に領議政を務めた。清貧をもって知られ、柳成龍と知己の間柄にあった。

▼**光海君**（在位一六〇八〜二三）　朝鮮王朝第十五代国王。燕山君同様、廃位された国王である。

の上疏の要点はおおよそつぎのとおりである。

①邑《ゆう》を単位として田地一結《けつ》につき毎年春・秋各八斗《と》、計一六斗の米を課税・徴収する。

②中央に官府を新設してこの税米を収納・管理する。

③春秋八斗中の各一斗は当該邑に給付して守令《しゅれい》の公私生計費等に充て、使臣等の往来が頻繁な沿道諸邑に対してはその給付米を適宜加給する。

④政府・王室諸機関の必要物資は防納従事者にこの税米を支給して貿納(買い付けて納入)させる。

これを柳成龍の貢物作米と比べると、田地一結当たりの課税額が大幅に引き上げられている点がまずは注目される。しかしそのことをもって一概に民戸の負担増とみなすことはできない。作米された一六斗のなかには、貢納だけでなく各種の徭役《ようえき》も地税化されて含まれていたからである。さらに地方官府の経費もそこには包摂されていた。

だが柳成龍の貢物作米との違いはそれだけにとどまらない。この税米を収納・管理するための中央官府を新たに設けたことと、政府・王室諸機関への必

●——**観感堂**　李元翼はここで晩年を過ごした。韓国京畿道光明市所下洞所在。

●——**李元翼神道碑**　韓国京畿道光明市所下洞所在。

●——**かつての宣恵庁所在地**　韓国ソウル市中区南倉洞。写真中央付近がかつて宣恵庁のあった場所。上の写真は南大門市場入り口。下の写真は、宣恵庁所在地にある標石。

要物資を漢城《ハンソン》の市廛《してん》をとおしてではなく、防納従事者にこの税米を支給し、彼らを介して調達するようにしたこともまた柳成龍の貢物作米とは大きく異なる点だった。とくに後者は、防納従事者の存在を政府が公式に認定し、彼らに防納代価を官給するものである。そうすることで法外な代価徴収の弊害を除去しようとしたのだった。

李元翼はこうした貢物作米の新法を、防納の弊害がとりわけ深刻な京畿《キョンギ》で先行して実施することを要請し、光海君の裁可をえた。そして、この新法による税米の収納・管理は宣恵庁《せんけいちょう》▲という新設官府が担当することとなった。宣恵庁はこれに先だつ同年三月、光海君が各種民弊への対処策を諸大臣に求めたさい、李元翼がこの問題を専管する官府の新設を建策して光海君の認可をえたもので、その新官府に新法による税米の収納・管理を担当させることにしたのである。

李元翼によるこの新法は、それを専管する宣恵庁にちなんで当初「宣恵之法」ないし「宣恵法」▲と称されたが、同時に「大同之法」もしくは「大同法」▲とも呼ばれ、のちには後者が一般化した。「宣恵」とは、いま述べた一六〇八年三月における光海君の伝教(王命)中に「務宣一分之恵(わずかの恵みでも広めら

▼宣恵庁　この官府において十九世紀に編纂された記録では、その創設について、京畿での大同法を管掌する京畿庁と勅需(中国からの勅使に給するために駅路に配置した糧米)を管掌していた常平庁とを合わせて宣恵庁と命名したとする。その後、江原庁・湖西庁・湖南庁等、大同法の実施地域が拡大していくにつれてそれらを管掌する部署が順次内部に増設されていった。

▼「宣恵之法」「宣恵法」　前者の文献上の初見は『光海君日記』(中草本)巻三三、二年(一六一〇)九月丙辰条、後者の文献上の初見は『光海君日記』(中草本)巻八〇、六年(一六一四)七月癸丑条。

▼「大同之法」「大同法」　前者の文献上の初見は『仁祖実録』巻七、二年(一六二四)十一月癸丑条、後者の文献上の初見は『仁祖実録』巻八、三年(一六二五)正月辛酉条であり、いずれも「宣恵之法」「宣恵法」よりもかなり遅れてあらわれる。しかしこの新法により徴収される税米を「大同収米」と表記した事例が『光海君日記』(中草本)巻一一三、九年

れるように務めよ)」とあるのに由来するとみてよい。

一方、この新法の呼称に「大同」の語を冠した理由については、文献上にははっきりとは確認できない。断片的な記述により「一国を通同する(全国に同一の法を施行する)」ことであるとか民戸負担の均一化を意味するなどいくつかの解釈がなされているが、経書《けいしょ》の一つである『礼記《らいき》』▲の礼運篇《れいうんへん》に平和な理想社会のありさまを指して「大同」と称した記述があることと無関係ではないだろう。

ともあれ、大同法の最初の実施地域として京畿が選定されたのは、李元翼が指摘する、防納の弊害が他道に比して深刻だったという点のほかに、京畿の住民には正規の税役以外にも国王の行幸や王陵造営にかんする労役、使臣の接待・供応、柴炭や穀草の納付義務など重い負担が課せられていたこと、また漢城に近い地域ゆえに新法の実施過程を政府が観察するのに便利だったことなどによるものと考えられる。なお京畿では一六六三年に量田がおこなわれ、これにより国家の把握する京畿の田地はそれまでの二倍以上に拡大した。そこで翌六四年、大同米の課税額を一結当たり一二斗に引き下げる措置がとられた。

(一六一七)三月乙酉条にみられ、さらに遡れば同書巻一五、元年(一六〇九)四月戊寅条に「建議大同宣恵」という文言もみえるので、「宣恵法(宣恵之法)」とともに「大同法(大同之法)」の呼称も同法の実施当初から併用されていたとみてよい。

▼**『礼記』**　儒教の経典である五経の一つ。戦国・前漢時代に儒学者が著した礼にかんする論説類を集めて前漢の戴聖が編纂したもの。

江原道・忠清道・全羅道での実施

京畿での大同法実施はこの地方の住民におおいに歓迎されたため、翌一六〇九年には江原《カンウォン》道をはじめ他道でもこれを実施しようとする主張が政府内にみられた。しかしその一方で既得権益の侵害を恐れる防納従事者や各邑の守令《しゅれい》・郷《きょう》吏《り》、あるいは大土地所有者として大同法の実施により負担増をしいられる在地の豪強層などはこれに強く反対し、光海君も消極的態度をとりつづけたので、他道での実施はすぐにはなされなかった。政府内で他道における大同法実施が論議されるようになるのは、京畿での大同法実施から十数年をへた二三年以降のことである。

すなわちこの年の四月、戸曹《こそう》は京畿の住民が大同法を便益としている事実を指摘し、これを全国に拡大実施することを仁祖《インジョ》▲に求めた。ついで九月には吏曹《りそう》正郎《せいろう》▲の趙翼《チョイク》▲が「論宣恵庁疏《ろんせんけいちょうそ》」▲を仁祖に奉り、貢納制の弊害を列挙するとともに大同法反対論を批判し、大同法の実施地域拡大を強く主張した。そしてその結果、新たに三道大同庁▲が新設され、江原・忠清《チュンチョン》・全羅《チョルラ》の三道において大同法が実施されることが決定した。京畿の場合と同様、大同米の課税額は田地一結当

▼**仁祖**（在位一六二三～四九）　朝鮮王朝第十六代国王。

▼**正郎**　吏曹の官員の一つで、正五品職。

▼**趙翼**（一五七九～一六五五）　文臣・学者。本貫は豊壌。孝宗代に右議政・左議政府を歴任。朱子学者としても知られ、『困知録』『中庸註解』『大学註解』『書経浅説』など多くの著述がある。

▼**「論宣恵庁疏」**　『浦渚先生集』巻二所収。

▼**三道大同庁**　宣恵庁内部の部署として設置されたものと推定される。

朝鮮国領議政金公堉大同均役万世不忘碑（六一頁参照）

たり一六斗と定められ、これを春と秋の二期に分けてそれぞれ八斗ずつ徴収することとされた。

　ところがこの年は全国的に深刻な凶作となり、三道大同法の実施にさいしても急遽秋捧（秋期徴収分）の八斗を四斗に減額する措置がとられた。これはあくまでも臨時の対応だったはずだが、翌二四年にはそれが正式な課税額とされ、三道大同法は事実上、中央諸機関の必要物資調達財源のみを確保する、いわゆる京大同《けいだいどう》に縮小してしまった。大同法の運用規定集である「大同事目《だいどうじもく》」にも不備な点が多く、しかも忠清・全羅両道の地主層が大同法実施反対の上疏をおこなったこともあり、二年後の二五年二月、大同法を忠清・全羅の二道に実施することは取りやめになってしまった。

　唯一江原道については、住民がその実施を望んでいるとしてそのまま存続した。その背景として、江原道は忠清・全羅道と比べると田地が少なく、地主層の力も比較的弱かったことが指摘できよう。ただし忠清・全羅道での大同法廃止にともない三道大同庁は解体されたので、江原道の大同法は戸曹が管掌することとされた。だが五二年以後は宣恵庁内に設けられた江原庁が担当部署となった。江原道ではその後、一七一〇年に量田をおこなったのを契機に一結当たりの課税額を嶺西《れいせい》(太白山脈の西側、内陸側)では一二斗、嶺東《れいとう》(太白山脈の東側、日本海側)では一四斗にそれぞれ引き下げ、量田がおよばなかった嶺西の九邑のみ従来どおり一六斗の課税額を踏襲するという、やや複雑な課税体系をとることになった。さらにそれから半世紀後の六〇年には、各邑が負担する蔘価《しんか》(薬用人蔘調達費)の高騰という事態を受け、各邑の財源不足を補うべく大同法のほかに邑ごと地目ごとに課税額と税物を異にする詳定税が追設された。

さて、忠清・全羅両道での大同法撤廃後も政府内では貢納制改革にかんする論議がさまざまに続けられ、その過程では忠清・全羅道での大同法復設を求める動きもみられた。とくに丁卯《ていぼう》・丙子胡乱《へいしこらん》▲の終結後、それはしだいに強まっていった。そうしたなか、一六四九年一一月には右議政の金堉《キムユク》▲、翌五〇年六月には司諫院《しかんいん》があいついで忠清道での大同法復設を孝宗《ヒョジョン》▲に要請し、続けて翌五一年六月には礼曹参判《れいそうさんぱん》▲の閔応亨《ミンウンヒョン》▲による提案(一結当たり米三斗を課税する京大同の実施)を受けて備辺司《びへんし》▲が忠清道での大同法復設を孝宗に上疏した。これにより同年七月、まず忠清道での大同法の復設が決定し、八月に公表された。

▼**丁卯・丙子胡乱**　後金(のち清)が一六二七年と三六年の二度にわたって朝鮮にしかけた軍事侵攻に対する朝鮮側での呼称。このうち丙子胡乱で朝鮮は清に降伏し、以後、明にかわって清との間に冊封関係を結んだ。

▼**金堉**(一五八〇～一六五八)　文臣。本貫は清風。孝宗代に右議政となった。大同法の施行にもっとも熱意をそそいだ人物として知られる。『天聖日録』『清風世稿』『朝天日記』など多数の著述を残した。文集に『潜谷遺稿』『潜谷別稿』『潜谷遺稿補遺』『潜谷続稿』がある。

▼**孝宗**(在位一六四九～五九)　朝鮮王朝第十七代国王。

そこでは、大同米の課税額は京畿・江原道よりも低く抑えられ、田地一結当たり一〇斗とされた。この額は七三年に一結当たり二斗が増額されて一二斗となり、これで定着した。また忠清道の大同法を担当する部署として宣恵庁内に湖西庁《こせいちょう》が設けられた。

この忠清道での大同法は復設直後から効果をあげた。そのため、従来は大同法実施に反対を表明していた中央官僚のなかにも自説を修正する者が多数出現した。そして五六年には領敦寧府事《りょうとんねいふじ》▲の金堉が全羅道住民の要求を背景に全羅道での大同法復設を提起し、以後、全羅道での大同法復設論議も本格化した。

金堉は翌五七年七月にも全羅道での大同法復設を孝宗に要請した。そこで政府では大同法の実施可否について全羅道で民情調査をおこなうこととなったが、同年十一月になされた金堉の報告によると、その結果は道内五三邑中の三四邑が大同法実施を希望し、六邑が中立、一三邑が反対だったという。過半数の邑が大同法の実施を望んでいるという結果を受け、政府では大同法実施に向けての動きが具体化し、翌五八年二月、大同米の課税額を一結当たり一三斗とすることが決定した。

▼参判　礼曹の次官で、従二品職。

▼閔応亨（一五七八〜一六六二）　文臣。本貫は驪興。大司諫・工曹判書・右参賛などを歴任。

▼備辺司　朝鮮時代後半期における事実上の最高政策決定機関。十六世紀初に国境地帯の防衛策を審議・決定するための臨時機関として設置されたが、十六世紀半ばには常設化され、さらに壬辰・丁酉倭乱をへてその重要性をました。十七世紀以降は議政府にかわり国政全般を総括するようになった。

▼領敦寧府事　敦寧府の領事。敦寧府はもともと国王の親族・外戚等を礼遇するための官府であり、固有の職掌はない。領事はその長官で、正一品職。

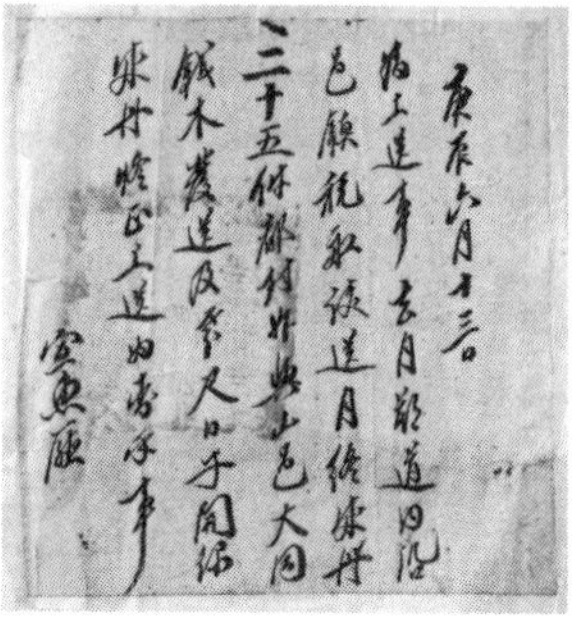

宣恵庁上送文書（年代未詳）　全羅道観察使が宣恵庁へ送った公文書。

ところが、この内容をめぐり道内の沿海諸邑と山郡（山間部諸邑）との間で輿論が割れた。沿海諸邑はこの内容での大同法復設を望んだが、山郡はこれに否定的な態度を示したのである。同じ全羅道内でも沿海部と山間部とでは貢納負担に差があり、山間部に比べて相対的に負担の重かった沿海部の農民のほうが大同法の実施をより切実に希求したということだろう。この結果、同年八月末までにまず沿海二七邑のみで大同法を復設することが決定し、九月末、秋捧が徴収された。

　このとき復設が見送られた山郡二六邑についても、政府内では翌五九年秋から復設する方向で論議がなされていた。その背景には、京畿での最初の実施からすでに半世紀が過ぎ、大同法が民戸の負担軽減に効果のあることを多数の中央官僚が認識するようになっていたこと、さらに山間部においても一部の豪強層を除けば多くの農民は大同法実施を希求したことなどがあげられる。しかし同年五月の孝宗死去により復設は翌年に先送りされ、さらに凶年・疫病の発生、大同法実施に反対する在地の豪強勢力や守令および一部中央官僚の妨害工作等のためその後も延期を繰り返した。結局六三年春にいったん復設されたが反対

●──**「朝鮮国領議政金公堉大同均役万世不忘碑」**（一六五九年）　一般には「大同法施行記念碑」として知られる。一六五一年に大同法が忠清道に施行されたことについて、金堉の功績を讃えて建てられた石碑とその拓本（下、部分）。韓国京畿道平澤市素砂洞所在。

●──**金堉墓所**　韓国京畿道南楊州市三牌洞所在。

●──**金堉神道碑**　韓国京畿道南楊州市三牌洞所在。

論も強く、六五年末には再度停止され、翌六六年になってようやく復設が確定した。

復設後の全羅道での大同米の課税額は、前述のように当初は一結当たり一三斗とされた。しかしこの額は六五年に沿海二七邑についてまず引き下げられ、一結当たり一二斗となった。山郡二六邑についても六六年にこの地域での大同法が最終的に復設されたさい、沿海部にあわせて一結当たり一二斗とされ、これをもって全羅道の大同米課税額は定着した。また全羅道の大同法を担当する部署として宣恵庁内に湖南庁《こなんちょう》が設けられた。

慶尚道・黄海道での実施

全羅道山郡での大同法復設から十数年をへた一六七七年、朝鮮半島中部以南において唯一大同法の未実施地域として残されていた慶尚道《キョンサン》でもこれを実施することが政府内で決定した。すなわち同年八月、慶尚道観察使の李泰淵《イテヨン》▲が農民の希求に応えるべく豊年を待って大同法を慶尚道に実施することを粛宗《スクチョン》▲に求めると、粛宗はこれを備辺司にくだして審議・決定させるとともに、翌七八年か

▼**李泰淵**(一六一五〜六九)　文臣。本貫は韓山。忠清道・全羅道・慶尚道・平安道等の観察使や吏曹参議などを歴任。

▼**粛宗**(在位一六七四〜一七二〇)　朝鮮王朝第十九代国王。

らの実施をめざすべきとの意向を示した。しかし李泰淵が立案した「大同事目」が宣恵庁内で所在不明となったり、慶尚道観察使の交替人事がなされたりして、準備に時間を要したため、実施は七九年からとなった。

当初、大同米の課税額は一結当たり一三斗とされたが、実施から四年をへた八三年、領議政の閔維重《ミンユジュン》▲の建議により一二斗に減額された。また慶尚道の大同法を担当する部署として宣恵庁内に嶺南庁《れいなんちょう》が設けられた。

慶尚道での大同法実施にさいしては、それ以前のような政府内での反対論はまったくみられなかった。京畿・江原・忠清・全羅の各道での実施により、大同法が貢納制の弊害を解消して民戸の負担を軽減し、国家の税収を増加させて財政の安定をもたらす仕組みとして有効であることは政府内ですでに広く認知されていた。大同法の実施が遅れた慶尚道では、むしろ実施を求める農民層の声が強く、その一方で地主や富農層、あるいは防納従事者などがこれに反対する名分はもはや失われてしまっていたのである。

慶尚道での大同法実施からさらに数年をへた九四年、今度は黄海道《ファンヘ》での大同法実施にかんする論議が政府内で始まった。前述のように黄海道内ではすでに

▼**閔維重**（一六三〇～八七）　文臣。本貫は驪興。粛宗の継妃仁顕王后閔氏の実父。

いくつかの邑で私大同がおこなわれており、また四六年以後は、別収米《べっしゅうまい》(後述)の徴収により収米法が広く実施されていた。にもかかわらず、大同法の実施をめぐる政府内の論議は紛糾し、一七〇八年に最終的に実施が決定するまでにその後十数年を要した。その理由として、黄海道の場合、清からの勅使および朝鮮から清へ向かう燕行使《えんこうし》が道内を往来するため、その経費が道内の田地面積に比べて大きかったこと、換言すれば、新たな地税だけではそうした経費支出に十分対応できない恐れがあったことを指摘できよう。

結局、黄海道では他道のような一律課税はおこなえず、邑によって一結当たり一二〜一七斗の幅で徴収する元収米《げんしゅうまい》と道内二三邑一律に一結当たり三斗を徴収する別収米との二本立ての制度が定められた。名称も大同法ではなく詳定法《しょうていほう》とされた。一七四七年になって二三邑すべての課税額が元収米一二斗・別収米三斗の計一五斗に統一されたが、名称は変更されなかった。またその実施にさいして宣恵庁内には担当部署として海西庁《かいせいちょう》が設けられたが、これは五八年に同じ宣恵庁内の江原庁の下部組織とされて管掌事務も進上調達関係のみに限定され、黄海道の貢物価にかんする業務は戸曹に移管された。

▼毛文龍（一五七六〜一六二九）　明の武将。後金（のちの清）の手に落ちた遼東地方の一部を一六二一年に奪回したがまもなく奪い返され、朝鮮の椵島に逃れた。その後は同島を拠点に清の背後を脅かした。

平安道と咸鏡道の場合

一部の研究者を除けば、以上に述べた京畿・江原・忠清・全羅・慶尚・黄海の六道が大同法の実施地域であり、北方の辺境地域である平安《ピョンアン》道と咸鏡《ハムギョン》道では大同法は実施されなかったとするのが通説的な理解である。しかしこの二道においても貢納等の地税化が十七世紀中におこなわれていたことも事実である。それらについてもここで簡単にみておきたい。

まず平安道の場合は、黄海道同様、清・朝鮮間における両国使節の往来路にあたっており、それを考慮して、使節往来路に面した一三邑については田地一結当たり米五斗、それ以外の山郡と鴨緑江《アムノクカン》河畔の二六邑については米六斗を徴収し、このうち各三斗分は戸曹に上納して貢価に使用し、残りの各二〜三斗は道内にとどめて営《えい》・邑の経費とする収米法が一六四六年から実施された。

これはもともと一六一一年に始まる西糧《さいりょう》の徴収に由来する。西糧とは十七世紀初、黄海道鉄山《チョルサン》郡西方海上に浮かぶ椵《カ》島に駐屯していた明将毛文龍《もうぶんりゅう》▲の軍営（毛営《もうえい》という）に対し朝鮮が供給した軍糧穀のことで、各道から徴収した。毛営撤廃後も別収米▲として存続し、四六年に廃止されたが、黄海・平安の二道についてはそれ以後も徴収を続け、その収入を貢物調達費に充てたのである。ただし、黄海道に詳定法が実施された一七〇八年以後は、平安道から戸曹へ上納されていた貢価分は黄海道からの上納米《じょうのうまい》でまかなわれることになり、平安道の収米は全額が道内に留置され、軍需その他諸経費の財源とされた。

つぎに咸鏡道には一六六六年、農民の要望と観察使閔維重の建議により詳定法の名で貢納等の地税化がなされた。その詳細については不明な点も多いが、正田《せいでん》・続田《ぞくでん》▲ともに田地面積に応じて麻布・田米《でんまい》(粟)を徴収し、当初は中央の各官府へ、のちには宣恵庁内の常平庁《じょうへいちょう》に上納した。また正田についてはこれ以外に米・太《たい》ないしその他の雑物を課税し、これは道内に留置して営・邑の諸経費に使用した。課税額は邑ごとに異なったものと推定されるが、一結当たりの賦課額は米に換算すると七斗六升ほどだったと推算する研究もある。

ところで、このような平安・咸鏡二道の収米法・詳定法は、前述のように通説的には大同法の範疇に含めないのが一般的である。しかし少なくとも咸鏡道については、詳定法により道内で徴収された一六七三年の税額内訳を記した記

▼別収米　黄海道では従来一結当たり七斗だった課税額を五斗に減額して徴収し、貢物調達費として全額を戸曹へ上納した。詳定法実施までこのかたちでの課税・徴収・上納が続いた。

▼正田・続田　正田は連年耕作可能な肥沃な田地。続田はそれが不可能な痩せた田地。

●大同法の施行過程

年	事項
1608	京畿に大同法（宣恵法）を実施。
1623	江原道・忠清道・全羅道に大同法を実施。
1625	忠清道と全羅道の大同法を廃止。
1646	黄海道と平安道で別収米を徴収する収米法を実施。
1651	忠清道に大同法を復設。
1658	全羅道沿海27邑に大同法を復設。
1660	江原道に詳定税を追設。
1663	全羅道山郡26邑に大同法を復設。
1665	全羅道山郡26邑の大同法を停止。
1666	全羅道山郡26邑の大同法を再度復設。咸鏡道に詳定法を実施。
1677	慶尚道に大同法を実施することが決定。
1679	慶尚道に大同法を実施。
1708	黄海道に詳定法を実施。

●各道の大同法の概要（類似のものも含む）

道	名称	1結当たり課税額（米換算）		上納米の納入先（担当官府）	
		実施当初	改正後	実施当初	改正後
京　畿	大同法（宣恵法）	16斗	12斗（1664～）	宣恵庁（京畿庁）	
江原道	大同法	16斗	12斗（嶺西）・14斗（嶺東）・16斗（嶺西未量9邑）（1701～）	宣恵庁（三道大同庁）	戸曹（1625～）→宣恵庁（江原庁、1652～）
忠清道	大同法	10斗	12斗（1673～）	宣恵庁（三道大同庁）	宣恵庁（湖西庁、1651～）
全羅道	大同法	13斗	12斗（1666～）	宣恵庁（三道大同庁）	宣恵庁（湖南庁、1658～）
慶尚道	大同法	13斗	12斗（1783～）	宣恵庁（嶺南庁）	
黄海道	詳定法	12～17斗（元収米）3斗（別収米）	元収米12斗・別収米3斗、計15斗に統一（1647～）	宣恵庁（海西庁）	宣恵庁（江原庁内海西庁）・戸曹（1658～）
平安道	別収米（収米法）	5斗（使節往来路13邑）6斗（その他の26邑）		戸曹	全額を道内留置し、上納分は黄海道の上納米でまかなう（1708～）
咸鏡道	詳定法	邑により異なるが平均7斗6升ほど		中央各官府	宣恵庁（常平庁、1764～）

▼『**咸鏡道内大同戊申条捧下成冊**』
ソウル大学校奎章閣韓国学研究院（韓国ソウル市）所蔵。

録が現存するが、それは『咸鏡道内大同《だいどう》戊《ぼ》申《しん》条《じょう》捧《ほう》下《か》成《せい》冊《さつ》』▲と題する。このことからすれば、当時の為政者の間では咸鏡道の詳定法もまた大同法の一種として認識されていたことはほぼ明らかだろう。

以上みてきたように、大同法は一六〇八年に最初に京畿に実施されてから、一七〇八年に黄海道で詳定法が実施されるまで、ちょうど一〇〇年の歳月をかけて段階的に実施地域を拡大していった。平安・咸鏡道の貢納地税化も含めれば、朝鮮全土において新しい仕組みの収取体制がつくられたことになる。

それにしてもこれほど長期の期間を要したということは、すでに述べたように既得権益を侵される防納従事者や負担増をしいられる地主層、およびそれらの意向を代弁する中央官僚等の反対がそれだけ強かったということでもある。しかし最終的にほぼ全国規模での施行が実現したのは、そうした反対にもかかわらず、この新法が当時の社会・経済状況をかなりの程度反映したものだったからにほかならない。その意味で、十六世紀初に本格化する貢納制改革論議とその最終的な帰結としての大同法の施行は、朝鮮時代中期という時代を象徴する財政改革とみなすことができよう。

④—大同法の概要とその変容

「大同事目」について

各道に大同法《だいどうほう》を実施するさいには、その地方の実情を勘案しつつ「大同事《だいどうじ》目《もく》」と呼ばれる運用規則集がつくられた。各道の大同法は原則として「大同事目」にもとづいて運用されたのである。現存するのは『忠清道《ちゅうせいどう》大同事目』▲『全《ぜん》南道《なんどう》大同事目』▲『嶺南《れいなん》大同事目』▲の三件である。このうち『忠清道大同事目』は一六五一年に復設された忠清道《チュンチョン》での大同法の運用規則集で、金堉《キムユク》が作成し、五四年に刊行・頒布された。同様に『全南道大同事目』は全羅《チョルラ》道での大同法の運用規則集として全羅道山郡での大同法復設が決定した六三年、宣恵庁《せんけいちょう》から刊行・頒布されたものである。

これらとは性格を異にするのが『嶺南大同事目』である。これも慶尚《キョンサン》道での大同法運用にかかわる記録には違いないが、さきの二者とは異なり、慶尚道で大同法が実施されたさいに作成された「大同事目」そのものではない。十八世紀半ばごろに慶尚道監営《かんえい》でまとめられた大同法運用関係記録の謄録《とうろく》(写し)であ

▼『**忠清道大同事目**』　全八一条。木活字本。ソウル大学校奎章閣韓国学研究院所蔵。

▼『**全南道大同事目**』　全七三条。木板本。ソウル大学校奎章閣韓国学研究院および国立中央図書館(韓国ソウル市)所蔵。書名に「全南道」とあるのは、同書が作成された時期、全羅道が一時的にこの名に改称されていたためである。

▼『**嶺南大同事目**』　筆写本。「嶺南大同事目」全七六条のほか追加の規則や関連する公文書の写しを収録。国立中央図書館所蔵。

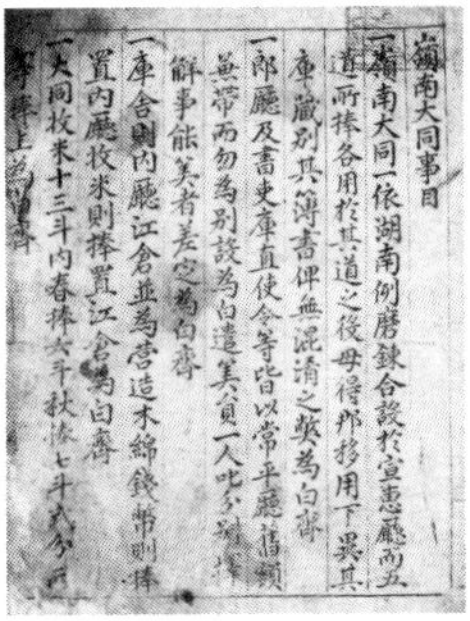

る。そのなかには一六七八年に作成された慶尚道の「大同事目」である「嶺南大同事目」も収められているが、それに加えて、その後の追加規則である「追《つい》変通節目《へんつうせつもく》」や「本道節目《ほんどうせつもく》」、さらには宣恵庁(嶺南庁)・備辺司《びへんし》等から慶尚道監営に送られた公文書の抜粋などがほぼ年代順に収録されている。

「大同事目」は、吏読文《りとう》▲という朝鮮独特の変体漢文により大同法運用の諸規則を箇条書きにしたものである。それらの条文から実施初期における大同法の具体的な内容を知ることができるため、今日「大同事目」は大同法研究の基本史料の一つとされている。以下では大同法の概要を理解するために、一六七七年に実施が決定し、七九年から大同米の徴収が開始された慶尚道での大同法を事例として取り上げ、その実施初期における具体的な内容を『嶺南大同事目』所収の「嶺南大同事目」にもとづいて整理することにしたい。慶尚道の大同法を取り上げるのは、さきにみたようにこれが大同法の名称で実施された最後のものであり、実施当初からほぼ完成されたかたちを整えていたからである。

▼**吏読**　朝鮮語の助詞や用言語尾・固有語などを漢字の音訓を借りて表記したもの。朝鮮時代、政府諸機関の公用文や私人間の契約文書などは、朝鮮語の語順で書かれた漢文に適宜吏読をはさみ込んだ文体をおもに用いた。これを吏読文という。

大同米の課税・徴収と上納米の輸送

「嶺南大同事目」は全七六条から成る。そのうちの第一～三条は慶尚道の大同法を担当するために宣恵庁内に新設された嶺南庁の官制にかんする規定である。また第四条と第五条は大同米の課税額にかんする規定で、一結《けつ》当たり米一三斗《と》を課税すること、それを春捧六斗と秋捧七斗に分けて徴収することが規定されている。ただし、前述のようにこの課税額は一六八三年に一二斗（春捧・秋捧各六斗）に減額された。

大同法での税物は原則として米である。しかし宣恵庁への上納分については、輸送の便宜が考慮されて木《ぼく》（綿布）での納付が認められた。第一一条ではこの点について、船運が可能な沿海諸邑は米で上納するが、輸送を陸路に拠らざるをえない山郡は米七斗＝木一疋《ひき》▲の比率で作木《さくぼく》（綿布に換算）して上納することとされている。ちなみにこの山郡の大同木については、一六八九年からその一部を作銭（銅銭に換算）して上納することが論議されはじめ、十八世紀末までに山郡大同木はその半額を木一疋＝二両の比率で作銭のうえ上納することになった。▲

ところで、これらの大同税は道内のすべての田地《でんち》に賦課されたわけではない。

▼疋　布物の長さの単位。匹とも表記される。長さ三五尺（布帛尺の一尺は約四六センチ）の布を一疋とする。ちなみに、朝鮮時代には縦糸の数が四〇〇本（八〇本で一升、よって五升）、幅が七寸以上のいわゆる五升綿布がもっとも広く用いられた。

▼大同木の作銭上納　朝鮮王朝では、財政補填政策の一環として十七世紀前半から銅銭の鋳造とその流通拡大が模索されるようになった。そして一六七八年から常平通宝の鋳造が開始されると、十八世紀にかけてその流通拡大のために各種の税の銭納化を進める政策が本格化した。大同木の作銭上納もそうした流れに位置づけることができる。

常平通宝

▼**畓**　水田を意味する朝鮮の国字。朝鮮語では답［tap］と発音される。一般に답［tap］と発音される漢字の多くは日本語では「トウ」と発音されるので、ここでは便宜上それに従う。

▼**頉**　事故・変事・故障などを意味する朝鮮の国字。朝鮮語では탈［tʰal］と発音される。一般に탈［tʰal］と発音される漢字の多くは日本語では「ダツ」と発音されるので、ここでは便宜上それに従う。

第八条によれば、量案に記載された道内の全田地である元帳付田畓《げんちょうふでんとう》▲から免賦地《めんふち》と呼ばれる大同税免除地、長期にわたる荒廃地である流来陳雑頉地《りゅうらいちんざつだっち》▲、当該年度のみ災害認定されて大同税が免除された当年給災地《とうねんきゅうさいち》を除いた残りの田地が大同《だいどう》元田《げんでん》と呼ばれる大同税賦課対象地だった。しかしこの大同元田中にも、徴収された大同税が国庫に納入されないか、もしくは大同税自体《じたい》が免除される特殊な田地が含まれていた。給復田《きゅうふくでん》(復戸結《ふっこけつ》とも)がそれである。

大同法施行にともない徭役《ようえき》の多くが地税化されたため、一部身役負担者の徭役を免除する従来の復戸制は有名無実化した。その代替措置として設定されたのが給復田である。かつての復戸対象者の一部は給復田の支給を受けることで、その田地が自身の所有地ならば大同税を免除され、他人の所有地ならばそこから徴収される大同税を還付された。したがって、実際に国庫にはいる大同税を徴収できたのは大同元田から給復田を差し引いたあとの田地であり、これを大《だい》同実結《どうじっけつ》といった。

「嶺南大同事目」では、第八・九・三二条に給復田の支給対象者と支給額が明示されている。その総額は一万一八三六結にものぼったという。第九条には

慶尚道の大同税課税田地面積と徴収額（一六七七年、「嶺南大同事目」第八条）

A	大同元田	168,742 結零
B	各種給復田	11,836 結
C	大同実結（A－B）	156,906 結零
D	1 結当たり課税額	13 斗
E	課税総額（C×D）	135,985 石　3 斗
F	駅吏卒収米	1,467 石 11 斗
G	徴収総額（E＋F）	137,452 石 14 斗
	上納米	53,507 石 13 斗
	留置米	83,945 石　1 斗

▼**地土船**　地方における民間所有の船舶。当初、慶尚道の大同米は地土船を借り上げて船価米を支給し、漢城まで輸送していたが、十八世紀前半になって官営の税穀船運機構である漕運による輸送に転換した。

このうちの九割以上を占める駅吏《えきり》・駅卒《えきそつ》の給復田について、そこから一結当たり米二斗を徴収し、大同税を補塡する措置が規定されている。この二斗分を駅《えき》吏卒収米《りそつしゅうまい》といった。ただしこの措置は七九年に廃止が決議されており、大同法が慶尚道で運用され始めたのが同年からだったことを勘案すれば、実際には徴収されなかった可能性が高い。

さて、各道で徴収された大同税は、中央での諸経費にあてるために王都漢城《ハンソン》に輸送される上納米《じょうのうまい》と各道内に留置されて地方の諸経費に使用される留置米《りゅうちまい》に二分される。第八条によれば、一六七七年当時の田地面積から算出された慶尚道の大同税徴収額は一三万七四五二石一四斗であり、そのうち上納米は五万三五〇七石一三斗だった。これは道内で徴収される大同税全体の約三九％に相当する。

上納米は、沿海および洛東江《ナクトンガン》の沿岸に位置し、船運に適した邑では海路および水路、山間部の邑では前述のように作木《さくぼく》して陸路により漢城まで輸送された。第一三条では、そのさいに借り上げる地土船《ちどせん》▲と馬の借り上げ費を京上納米布輸《けいじょうのうべいふゆ》運船馬価《うんせんばか》として大同税中の余米《よまい》という枠から支出することが規定されている。

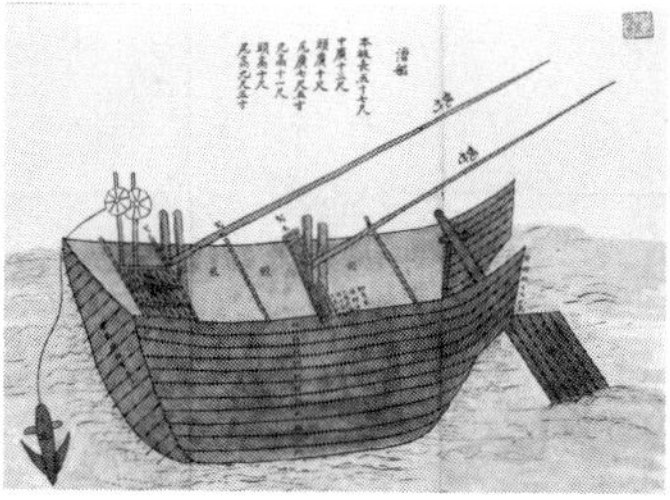

『**各船図本**』(一七九七年頃)「**漕船**」**図**　朝鮮時代、各地から漢城まで米穀を輸送する漕運に用いられた船を描いたもの。

漕船の復元模型

また同条では、輸送の期限についても木は正月内、米は四月内とされているが、これは第二二条に規定されているように、原則として春捧が上納分に充てられたことによるものだろう。

上納米の用途

では、こうして漢城まで輸送された上納米は具体的にどのような用途に用いられたのだろうか。上納米の具体的な費目は第七条に記載されている。それを一覧表にまとめたものが七五頁の表である。

これをみると上納米の用途は全部で一八費目におよぶ。このうちまず①は貢《こう》納《のう》制施行下において二五カ所の政府・王室機関に納入されていた貢物《こうぶつ》・進上《しんじょう》の調達費である。大同法の施行により貢納制は廃止され、かつての貢納品はこの上納米から交付される貢価《こうか》を財源として貢人《こうじん》と呼ばれる政府公認の請負業者が貿納《ぼうのう》(買いつけて納入)することになった。「嶺南大同事目」では、第一四・一五条に貢人への貢価支給と彼らによる貢物の納入にかんする一般的な規則がみえる。しかしこの二五カ所の政府・王室機関の内訳とそれらの機関に納入された

●——慶尚道大同法における上納米の支出費目

費　目
①　二十五司元貢物価
②　田税条貢物価（第16・18条）
③　宗廟薦新蕨菜・天鵞・新稲米・大小麦・生兎価
④　内医院牛黄・熊胆・麝香価
⑤　先王後宮物膳価
⑥　礼曹・観象監各様紙地価
⑦　備辺司糯・紙衣価
⑧　内弓房雉羽・正筋・豹皮価
⑨　長興庫供上紙価
⑩　歳幣上次木価（第25条）
⑪　工曹漆田所出全漆価
⑫　造紙署楮田所出物価
⑬　掌苑署果園結実中栗・胡桃・大棗・石榴・柿子・木果・銀杏・梨子価
⑭　其人作紙価
⑮　各官京主人・房子雇価（第24条）
⑯　戸曹役価・作紙価
⑰　迎接都監京婢・房子雇価（第24条）
⑱　司僕寺分養馬装木・作紙価（第23条）

［典拠］「嶺南大同事目」第７条
※ 細則に相当する条文のあるものは（　）内に示した。

貢物・進上の品目や貢価の額などについての規則はみあたらない。

つぎに②は大同法施行以前に田税条貢物《でんぜいじょうこうぶつ》として徴収されていた品目を調達するための費目である。田税の税物は本来米や太《たい》など土地生産物だったが、前述のように田税のなかにはそれらを綿布や油・蜜・蠟などの現物にかえて徴収するものがあり、これを田税条貢物といった。大同法の施行によりこの田税条貢物も上納米から価米を貢人に支給して貿納させることとし、それまで田税条貢物を賦課されていた田地からは、田税条貢物価位米太《いべいたい》(しばしば位米《いまい》・位太《いたい》などと略される)と称してただ米・太を徴収し、これを宣恵庁に上納させるように改めた。

つぎに③〜⑨は大同法施行にともない新たに追設された進上(③〜⑤)・貢物(⑥〜⑨)の調達費である。⑤を除けば、いずれも大同法施行以前には民田《みんでん》を賦課基準としてそれぞれ現物を個別に徴収するか、あるいは民田から米・太等を徴収して邑《ゆう》単位で現物を調達し、所定の政府・王室諸機関へ上納されていたものと推定される。「嶺南大同事目」にはそれらについての細則はみえず、貢価その他の詳細は不明である。

⑩は清への朝貢品の一つである歳幣上木《さいへいじょうぼく》と、それ以外の各種対清朝貢品調達のための財源となる歳幣次木《じぼく》の調達費である。いずれも綿布である。この歳幣上木・次木はともに戸曹《こそう》が管掌し、忠清・全羅・慶尚のいわゆる三南《サムナム》地方と咸《ハム》鏡《ギョン》・江原《カンウォン》道(この二道は次木のみ)の民田に賦課されていたが、一六五二年以降しだいに大同税に吸収され、慶尚道でも大同法実施とともにその費用は上納米から支出されることとなった。

⑪〜⑬はかつて国家機関の直営地で栽培されていた特殊作物や果実の調達費であるが、いずれの費目についても「嶺南大同事目」に細則がなく、詳細は不明とせざるをえない。

⑭〜⑱は各種の役価・雇価およびその他の経費だが、「嶺南大同事目」に細則がみえるのは⑮⑰⑱のみである。まず⑮は各邑が漢城においた出先機関である京邸《けいてい》を管理・運営する任にあたった京主人《けいしゅじん》と、これに使役された房子《ぼうし》に給される雇価《こか》である。京主人はもともと各邑の郷吏《きょうり》が任命されることになっていたが、のちになると漢城居住者を雇用して任じるようになり、その価米を当該邑の官属の負担とし、不足分は民田にも賦課された。それを大同法施行後、房子

も含めて上納米からその雇価を交付するように改めた。

一方、⑰は清の勅使接待を担当する迎接都監《げいせつとかん》に所属する京婢《けいひ》・房子の雇価であり、これも大同法施行後は上納米から交付されることとされた。また⑱は道内の各牧場で飼育されている司僕寺《しぼくじ》の分養馬《ぶんようば》を上納するさいの装飾費用としての綿布と、そのさいの手数料・雑費をまかなうための費目である。

以上のように、上納米の用途はかつての貢納制における貢物・進上の調達だけでなく、それ以外のさまざまな費目にまでおよんでいた。これは慶尚道にかぎったことではなく、忠清道や全羅道なども同様だった。大同法の施行により従来の雑多な民戸負担の多くは大同米に吸収され、大同米やその代替物（綿布・銅銭など）の負担へと変貌したのである。

留置米の用途

つぎに留置米の用途に眼を転じよう。一六七七年の田地面積にもとづく慶尚道大同税徴収額のうち留置米の総額は八万三九四五石《せき》一斗《と》だった。これは上納米の額を上回り、道内で徴収された大同米全体の約六一％に相当する。▲大同法

▼留置米の比率　『忠清道大同事目』と『全南道大同事目』によれば、大同税徴収総額に占める留置米の比率は忠清道が約五二％、全羅道が約五八％であり、いずれも五割をこえる。

の施行がたんに貢納の地税化だけを意味するものでないことは、このような巨額の留置米が確保された事実からも容易に理解できる。壬辰《じんしん》・丁酉《ていゆう》倭乱《わらん》以降疲弊のはなはだしかった地方財政の再建もまた、まちがいなく大同法施行の大きな目的の一つだった。

「嶺南大同事目」第一〇条には、実施初期における留置米の用途が詳細に列挙されている。その内容を他の条文の情報も加味して分類・整理すると八一頁の表のようになる。これをみると、上納米同様、留置米の用途もかなり多岐にわたっていたことがわかる。

具体的にみていこう。まずⅠは各邑に分給される留置米を財源とするもので、Aは各邑の守令《しゅれい》および官府の運営経費と中央から来訪する使臣の接待費、Bは邑単位に挙行される各種の祭祀費、Cは兵器製造や軍船の建造・修理および軍糧米などの軍事関連経費、Dは土貢《どこう》調達費である。つぎにⅡは監営・兵営・水営および五軍営《ごぐんえい》▲に分給される留置米の費目で、Aは各営の運営経費、Bは外貢《がいこう》進上調達費である。Ⅲの倭供価米《わきょうかまい》は他道にはみられない慶尚道固有の費目で、いわば対日外交費である。東萊《トンネ》所在の倭館《わかん》(八三頁参照)に滞在する対馬《つしま》藩▲の使

▼**五軍営**　慶尚道内におかれた五カ所の兵馬節制使営。兵営管下の巨鎮である。

▼**対馬藩**　藩主は宗氏。徳川幕府は朝鮮との外交業務を、古くから朝鮮との関係が深い対馬藩に「家役」として委任した。その対価として対馬藩は朝鮮貿易の独占を認められた。

節に支給する各種接待費▲と、対馬藩との公貿易▲決済に用いる公作米《こうさくまい》の一部が留置米から支出された。最後のⅣに記載された各項は、これらⅠ〜Ⅲを除いた残余分から支出される費目である。

これらのうちⅠのDの土貢とⅡのBの外貢進上についてはさらに説明が必要だろう。大同法の施行によりかつての貢物・進上は原則として上納米により調達されるようになったが、一部の貢物・進上については各営《えい》・各邑の留置米で調達し、上納することが規定された。これが土貢ないし外貢である。これにたいし上納米で調達されるものは京貢《けいこう》とよばれた。生産地が限定されていたり商品流通に組み込まれにくかったりして京貢化が困難な品目の場合はもちろん、そのほかにも、とくに進上においてはその名目の性格上京貢化に適さないと判断された場合などが土貢・外貢の対象とされたものと推測される。

さて、「嶺南大同事目」第一〇条によれば、留置米のうちⅠ〜Ⅲの総額が五万二三四石五斗、Ⅳの総額が三万三七一〇石一一斗だった。同書ではこのⅠ〜Ⅲの各費目に使用される留置米のことを「一年応用之数▲」(第五条)・「本道応用米」(第六二条)などと記す一方、Ⅳのことは「余米」(第五・一一条ほか)と表記

▼対馬藩の使節への接待費　具体的には日供雑物・宴享雑物・求請雑物などの区別があり、朝鮮側で物資を買い付けてから支給する場合と、費用を米のかたちで支給する場合とがあった。

▼対馬藩との公貿易　対馬側が準備した銅・錫や東南アジア産の丹木・黒角(水牛角)などを公作木・公作米と呼ばれた綿布・米で朝鮮政府が買い上げるもの。朝鮮・対馬間の貿易としてはこのほか、①対馬藩使節による朝鮮国王への進上とそれに対する回賜、②倭館を訪れた朝鮮商人と対馬側との間での私貿易(開市)もあった。私貿易ではおもに朝鮮産の薬用人蔘や中国産生糸と日本産の銀が取り引きされ、十七世紀後半以降活発化した。

▼「一年応用之数」　『忠清道大同事目』では「一年応下之数」(第六条)、『全南道大同事目』では「一年応下数」(第七条)と表記されるが、「応下」も「応用」と同義とみてよい。

●慶尚道大同法における留置米の支出費目

分類		費目
Ⅰ 各邑留置米	A	①各官官需・油清紙地価（第 49・50 条） ②☆使客支供価（第 53 条）
	B	①社稷祭幣帛価（第 46 条） ②釈奠祭幣帛価（第 47 条） ③賜額書院幣帛価（第 47 条）
	C	①各官月課軍糧・軍器価（第 55 条） ②春秋習操時軍兵犒饋価（第 58 条） ③戦兵船価（第 37 条） ④戦兵船新造・改槊価（第 34 条）
	D	①義盈庫細毛・藿耳価 ②軍器寺礪石価 ③尚衣院各様席子・紫硯石・細礪石価 ④工曹紫硯石価 ⑤長興庫各様席子価 ⑥善工監磊碌価 ⑦奉常寺烏海藻価 ⑧両医司呉茱萸価
Ⅱ 各営留置米	A	①監兵水営営需 ②監司薬材・紙地・駕轎・毛物価（第 52・54 条） ③五営将及軍官料米
	B	①監司到界進上価（第 45 条） ②三名日方物・物膳及端午物膳、朔膳価（第 44 条） ③内医院薬材・青大竹価
Ⅲ 倭供価米（第 16・74 条）		
Ⅳ 余米		①一年各様刷馬価（第 26・27・28・30・31 条） ②京上納米布輸運船馬価（第 13 条） ③科外別役価 ④☆喪需（第 66 条） ⑤☆箋文価（第 73 条） ⑥☆津船新造・改槊価（第 33 条） ⑦☆分養馬牛上納時牽軍価・故失価（第 40・60 条） ⑧☆射砲粮（第 67 条） ⑨☆その他の雑費（第 36・42・43・48・63 条） ⑩☆凶年時不足補塡のための備蓄（第 64 条）

［典拠］「嶺南大同事目」第 10 条
※ 細則や関連する条文のあるものは（　）内に示した。
※ ☆印を付した項目は第 10 条にはみえないもの。

する。

応用米とは「応《まさ》に用《もち》うべき米（当然支出すべき米）」という意味であり、要するに地方官府での行政運営上必須のものとして毎年定例的に支出される固定費目の財源である。これにたいして余米は留置米からそうした応用米を差し引いた残額に相当する。文字どおり「あまった米」を意味するものとみてよい。しかしその「あまった米」である余米が応用米の七割近くに相当する三万石以上も存在したわけで、このことは余米がたんなる残余ではなかったことを示唆している。はたして余米とはいかなる性格の財源として位置づけられるべきものなのだろうか。

余米は各邑に配分された（第五条）。その用途として第一〇条にはⅣの①〜③があげられている。①はすでに述べたように上納米を漢城まで輸送するさいに借り上げる地土船や馬の雇価である。②は守令の公務出張やその他公務一般に使用するために民間から馬を借り上げる費用とこれに随行する人夫の雇価、③は正規の役負担以外に労働力を使役するさいに当該人丁に代価として支給するものである。しかし余米の用途はこれらのみにとどまらず、Ⅳの④以下にみえ

●慶尚道大同米の流れと納入先官府

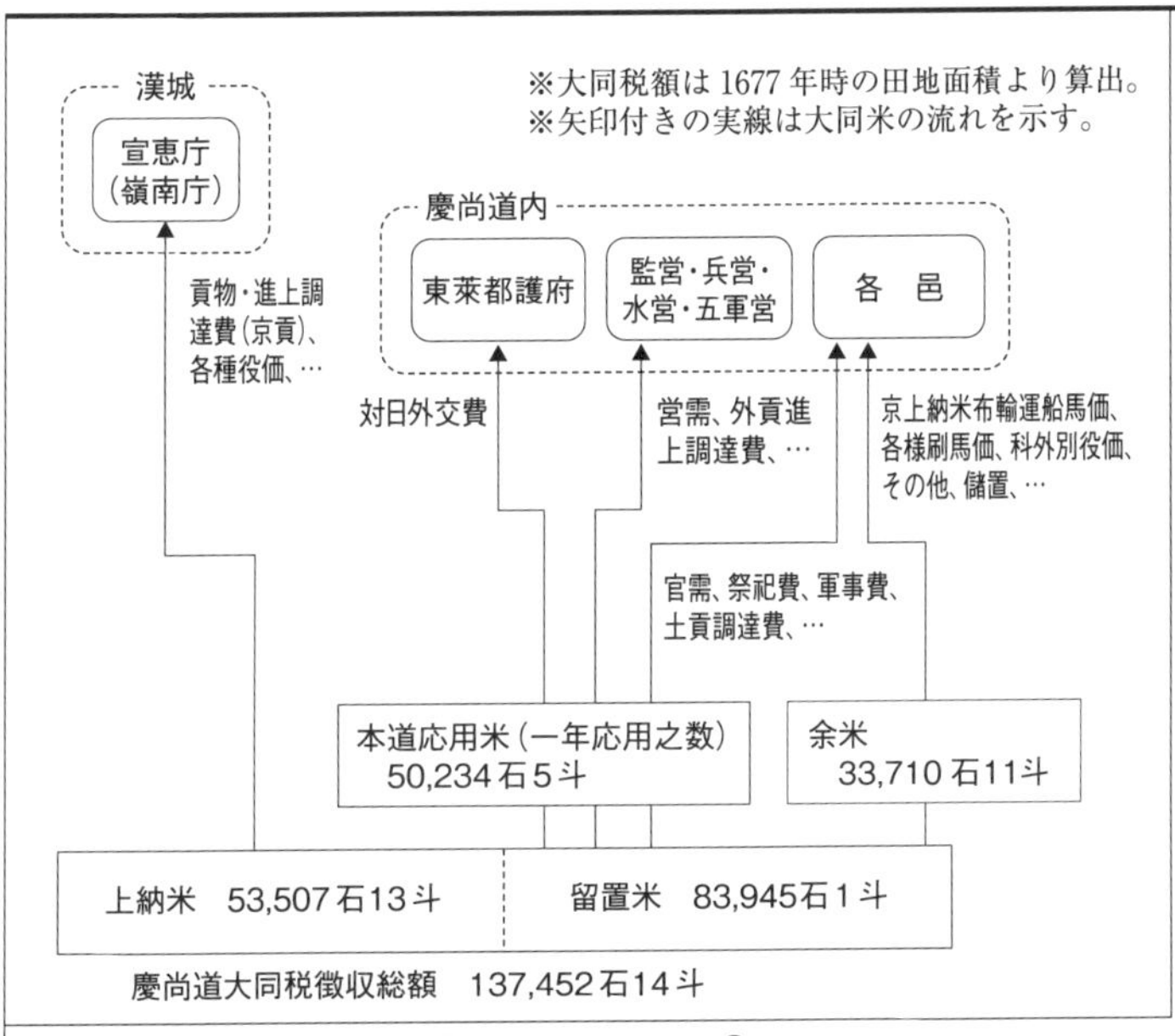

※大同税額は1677年時の田地面積より算出。
※矢印付きの実線は大同米の流れを示す。

●「**草梁倭館図**」(卞璞、一七八三年)　東萊都護府管下の釜山浦草梁(現在の釜山市中区光復洞竜頭山公園一帯)に設けられていた対馬藩の居留地。対馬藩士をはじめ四〇〇〜五〇〇人ほどの日本人が常駐し、対馬藩から朝鮮へ派遣された各種使節もこの地で朝鮮側の官吏と面会した。朝鮮時代後半期における日朝外交の窓口として機能し、朝鮮側と対馬藩との貿易もここでおこなわれた。

るように多種多様な費目の財源として活用された。

すなわち、④は守令の在任中に本人もしくは肉親の葬儀を任地でおこなうさいの費用、⑤は進上にそえられる箋文《せんぶん》▲作成にかかる費用、⑥は官営渡船の新造・改修費、⑦は各地の牧場で飼育されている牛馬を上納するさいの人夫の雇価およびそれらの牛馬が失われたさいの賠償費用、⑧は軍糧米の一種である。

「大同事目」に用途が明記されていることからすれば、これらの費目もまた基本的には毎年定例の固定費目には違いない。しかしその一方でそれらの内容をみると、周辺的な経費や雑費の類とみられるものが多く、全体としてⅠ～Ⅲの費目と同列には論じがたい。③の科外別役価のように、正規の役負担以外の労役にたいする代価・雇価を全般的に表現したような費目もあり、これなどは各邑の事情や守令の裁量によりかなり柔軟な支出が可能だったのではないかと考えられる。それに加えて⑩もまた注目される。余米は①～⑨のようなさまざまな用途に支出されたが、それと同時に、その残額は凶年時の不足分を補う目的で毎年各邑に備蓄されることが規定されていた（第六四条）。それが⑩である。

これらの点からすれば、余米は応用米とはまったく性格を異にするもので、

▼箋文　箋とは上奏文の一種。進上にはそれを進献する観察使等の名義で各進上の名目にそった箋文がそえられた。

それを配分された各邑が自邑の事情に応じた雑多な経費に充てることのできる、より地域に密着した財源として確保されたものとみることができる。しかも各種費目を支出したあとの残額については、凶年時への備えという役割も期待されていたのである。

大同法の施行は貢納をはじめとする中央財政次元での民戸負担を広範囲にわたり地税化しただけでなく、従来やはりその多くが民戸に課せられていた各邑・各営の運営経費や地方での祭祀・軍事費、それに土貢・外貢進上調達費といった地方官府における行政運営上の重要費目のための財源を新たに確保し、さらには各邑の雑多な諸経費に対応するための財源までも創出した。すなわちそれが余米である。実施初期の大同法において留置米のかなりの部分をそうした余米が占めたことは、大同法が地方官府の財政運営においてはたした役割の大きさを示すものとして留意すべきである。

大同法の変容

ここまで、「嶺南大同事目」に依拠しながら実施初期における慶尚道の大同法の概要をみてきた。そこからわかるのは、大同法が貢物・進上のみならず中央・地方のさまざまな民戸負担を地税化して吸収したことである。とりわけ地方官府の財政運営のために多額の財源を確保した点に大きな特徴を見出すことができる。

もちろん、朝鮮王朝の収取体制のすべてが大同法に包摂されたわけではない。朝鮮王朝建国当初から地税として設定されていた田税は大同法施行後もそのまま存続したし、▲身役において中核的な位置を占める軍役の場合も、前述のように十六世紀以降には布納化と兵士の給価《きゅうか》雇立《こりつ》が常態化したとはいえ、軍役自体が大同法に吸収されることはなかった。▲だがそれでもなお、大同法が広範囲にわたる民戸負担を地税化し、とくに地方官府に大きな財源をもたらしたことはまぎれもない事実である。

ただし、大同法施行にともなうそのような財政上の効果は、じつのところそれほど長くは持続しなかった。それを示唆するのが、十九世紀前半に宣恵庁で編纂された『湖南庁《こなんちょう》事例』▲や『嶺南庁《れいなんちょう》事例』▲などの記述である。

これらの記録類によると、十九世紀前半の時点で各道内に留置された大同米

▼朝鮮時代後半期の田税　一六三五年に貢法を廃止し、毎年の豊凶に関係なく一結当たり四斗を徴収する永定法が実施された。

▼朝鮮時代後半期の軍役　軍役を賦課された者は軍布と呼ばれる綿布を年間最低でも二疋国家へ納入する義務を負ったが、その負担は重く、しかも朝鮮時代後半期にはさまざまな名目で免役特権を受ける者がふえたため、零細な農民に負担が集中する弊害を生じていた。そのため一七五〇年には均役法を実施し、軍布の額を一律二疋としたうえで実負担額を一疋に半減して不足分は他の税収で補うこととされた。

▼『湖南庁事例』　ソウル大学校奎章閣韓国学研究院所蔵。

▼『嶺南庁事例』　ソウル大学校奎章閣韓国学研究院所蔵。

由来の財源には、「収租《しゅうそ》」ないし「新米《しんまい》」と表記されるものと「儲置米《ちょちまい》」との二種類が存在した。前者は当年度に徴収された文字どおりの新穀であり、後者は前年度以前から各邑に備蓄されてきた旧穀を指す。しかもこれらの記録類では、「大同事目」において応用米の範疇に属していた地方行政上の重要費目のうちの少なからぬものが、新穀である収租・新米ではなく旧穀の儲置米から支出される費目として記載されている。

このことが意味するのは、留置米の運用方式がある時期以降変更されたという事実である。大同法の実施初期においては、地方官府における各種費目の財源は当年度に徴収された新穀のみだったが、ある時期からそれが新穀と旧穀の二本立てとなり、それにともない地方官府における行政運営上必須の重要費目についても、新穀ではなく旧穀から支出されるものがあらかじめ設定されることになったとみられるのである。

留置米の運用方式がこのように変更されたのは、時代がくだるにつれて毎年徴収される大同米全体に占める上納米の額がしだいに増加し、その結果、当年度分の留置米の額が相対的に減少したためだった。例えば『嶺南庁事例』には、

「上納米は必要額を適宜算出して準備し、その残余分は六万八〇〇〇〜九〇〇〇石《せき》を限度に道内に留置するが、当年度の新穀からの割り当てられるのは五万石あまりであり、不足分の一万八〇〇〇石あまりは旧儲《きゅうちょ》・常賑《じょうしん》・漕留《そうりゅう》▲等の穀で補塡する」といった内容の記述がみえる。

　同書が編纂された十九世紀前半の慶尚道では、上納米についてまず必要額を確保し、その残りを道内に留置するが、その額だけでは地方官府での需用をまかないきれず、不足分を別の財源で補塡せざるをえない状況になっていた。忠清道や全羅道など朝鮮半島中部以南の他の地域においても事情はほぼ同様だったとみて大過ない。

　こうした上納米の増加と留置米の減少は、とりもなおさず中央の政府・王室諸機関における財政悪化に起因する。実施初期には相当に潤沢な財源を確保できたかにみえた大同法も、中央財政の悪化・窮乏化という状況に対応するためにしだいに上納米の額を増額せざるをえなくなり、そのしわ寄せが地方財政にも波及することになったわけである。その結果が、留置米の運用方式の変更だった。新しい留置米の運用は、遅くとも十八世紀の半ばごろまでには京畿《キョンギ》以南

▼常賑・漕留　常賑とは、宣恵庁内の部署である常平庁と賑恤庁がその運用を管理する穀物である。一方、漕留とは除留米のことである。慶尚道沿海諸邑の上納米輸送が地土船を用いた賃運から官営の漕運へと転換したのち、かつて船価米として確保されていた額の米を道内の漕運拠点である三カ所の漕倉に分配・備置して各漕倉の運営経費に充てるようにし、これを除留米といった。

の各道に広く一般化していたようである。

ところで、留置米の減少という状況にあって不足する当年度分の留置米を補うための財源として、さきにみた『嶺南庁事例』には「旧儲・常賑・漕留等の穀」があげられていた。そのうち「旧儲」と記されているものが、新穀としての収租・新米に対置されるところの儲置米に該当しよう。この儲置米とはいかなる性格の財源であり、またいかにして形成されたのかという点についても簡単にふれておきたい。

結論からいえば、儲置米は大同法実施初期における余米に由来する財源である。さきにみたように、余米とは留置米中から地方官府における行政運営上の重要費目である応用米を差し引いた残余であり、各邑の事情に応じて雑多な経費に充当されることになっていた。さらにその残額は、凶年時の不足を補塡するために各邑に備蓄されることが規定されていた。儲置米は、この余米残額備蓄規定にもとづき各邑に蓄えられたものとみてよい。

すなわち上納米の増加により留置米が減少しはじめると、不足する留置米を補塡するための新しい財源形成の手段として、この余米残額備蓄規定が積極的

大同米（留置米）運用方式の変化

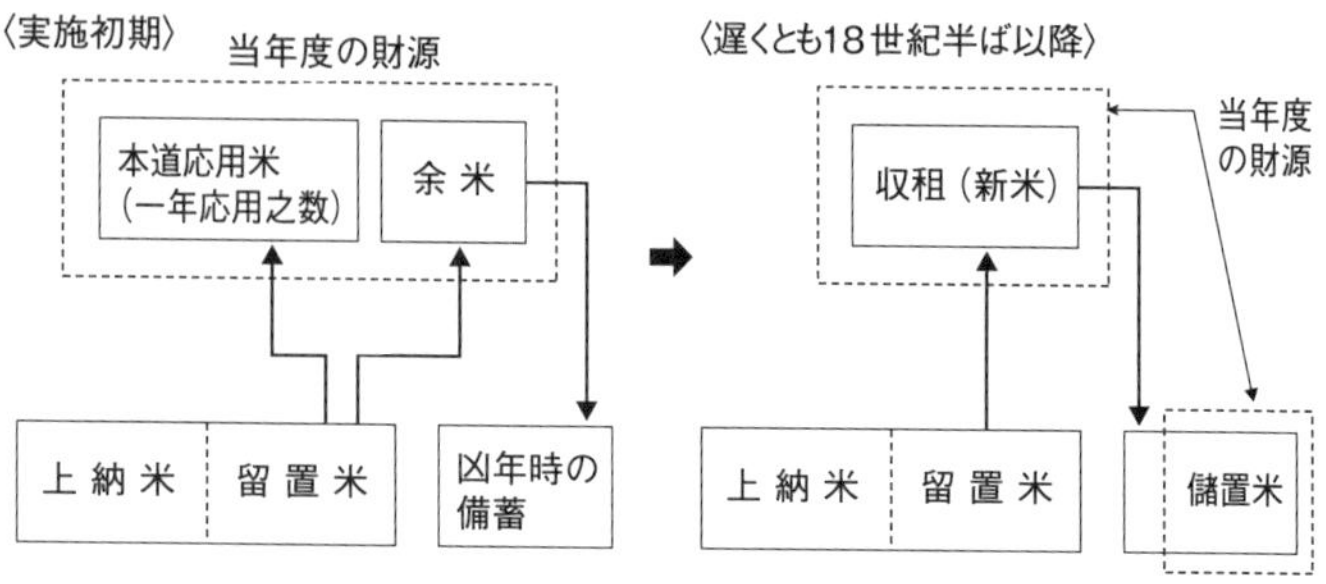

に利用されることになった。その結果、毎年の新穀中から一定額が各邑に備蓄され、その累年の蓄積が儲置米として当年度の留置米の不足補塡財源の役割を担うようになっていったと推測される。

『湖南庁事例』には「いわゆる余米とは儲置米のことである」とあり、実際に同書では儲置米を余米とも表記する。『湖南庁事例』だけでなく、十九世紀後半以降に作成された大同法関係の記録・帳簿類においても、儲置米の意味で余米という表現が使われている事例がいくつか確認できる。このように余米の語を儲置米と同義に用いる用法がみられるのも、儲置米がもとはといえば余米由来の財源であるからにほかならないだろう。

さて、こうして地方における大同米由来の財源は、遅くとも十八世紀半ばまでには新穀である収租・新米と旧穀である儲置米の二本立てで運用されるのが一般的となり、各営・各邑ではそれらを適宜使い分けることで地方官府の需用に対応しようとした。しかし邑によってはしだいに十分な儲置米を確保することができなくなるなど、中央のみならず地方においても財政の悪化は日増しに深刻さをましていった。

こうした状況のなか、中央の諸機関はもちろん地方の各営・各邑においても、本来農民の再生産を保障するための救済制度である還上《かんじょう》▲を財源確保の手段として活用したり、各機関がそれぞれに無名雑税《むめいざつぜい》といわれる勝手な名目の税を新設したりと、民戸への苛斂誅求を強めていく。またその過程で財政の個別分散化もふたたび拡大していくことになるのである。

大同法と農業・商業

国家財政が日々悪化していくなか、大同法はそれに対応して一定の変容をとげながらも、甲午《こうご》改革▲により近代的な税制が施行される一八九四年まで存続した。十九世紀末期に全羅道や慶尚道の監営等で作成された大同法関係の記録・帳簿類をみるかぎり、廃止の直前にいたるまで、大同米に由来する財源が地方官府の財政運営に一定の役割をはたしていたことがうかがえる。

本書はこの大同法を、おもに朝鮮王朝の収取体制と国家財政という観点からみてきた。しかし大同法の施行は、もちろんそれとは別の観点からもさまざまに評価することが可能である。すでに紙幅はつきているが、本書を締めくくる

▼還上　春窮期に農民に穀物を貸与し、秋の収穫後に一定の利息をつけてこれを返還させる制度。この制度により運用される穀物を還穀という。本来の趣旨は凶年時の農民救済にあったが、十八世紀後半以降、各官府等が利息収入を目的にして豊凶に関係なく還穀を農民に強制的に貸し付けるようになり、農民への収奪強化をもたらした。

▼甲午改革　一八九四年に実施された内政改革。科挙の廃止や財政の一元化、身分制撤廃などにより近代的な諸制度の導入がめざされた。

にあたり、そのうちとくに重要と思われる点についてごく簡単に述べておく。それは大同法が農業および商業におよぼした影響についてである。

大同法の施行により、貢物・進上をはじめとするさまざまな民戸負担が大同米に吸収されたことは本書でもすでに何度も指摘した。そのことがもつ財政史的な意義については繰り返さないが、一方でそれが農民の税負担軽減をもたらした点も忘れるわけにはいかない。農民の負担軽減は、結果として商品作物栽培をはじめとする彼らの営農活動を活性化した。それにともない、しだいに余剰生産物が民間に多く蓄積されるようになり、農民による小商品生産も盛んになった。

また大同法が商業ルートをつうじて政府・王室諸機関の必要物資を調達する方式を採用したことも重要である。それは漢城を中心とする都市商業の発展をうながし、全国的な商品流通経済に大きな刺戟を与えた。そしてそのことがまた農民の小商品生産を活発にする要因の一つとしても作用した。

このように、大同法の施行は朝鮮時代後期における農業や商業の発展という面でも寄与するところが少なくなかった。そうした点に注目するならば、大同

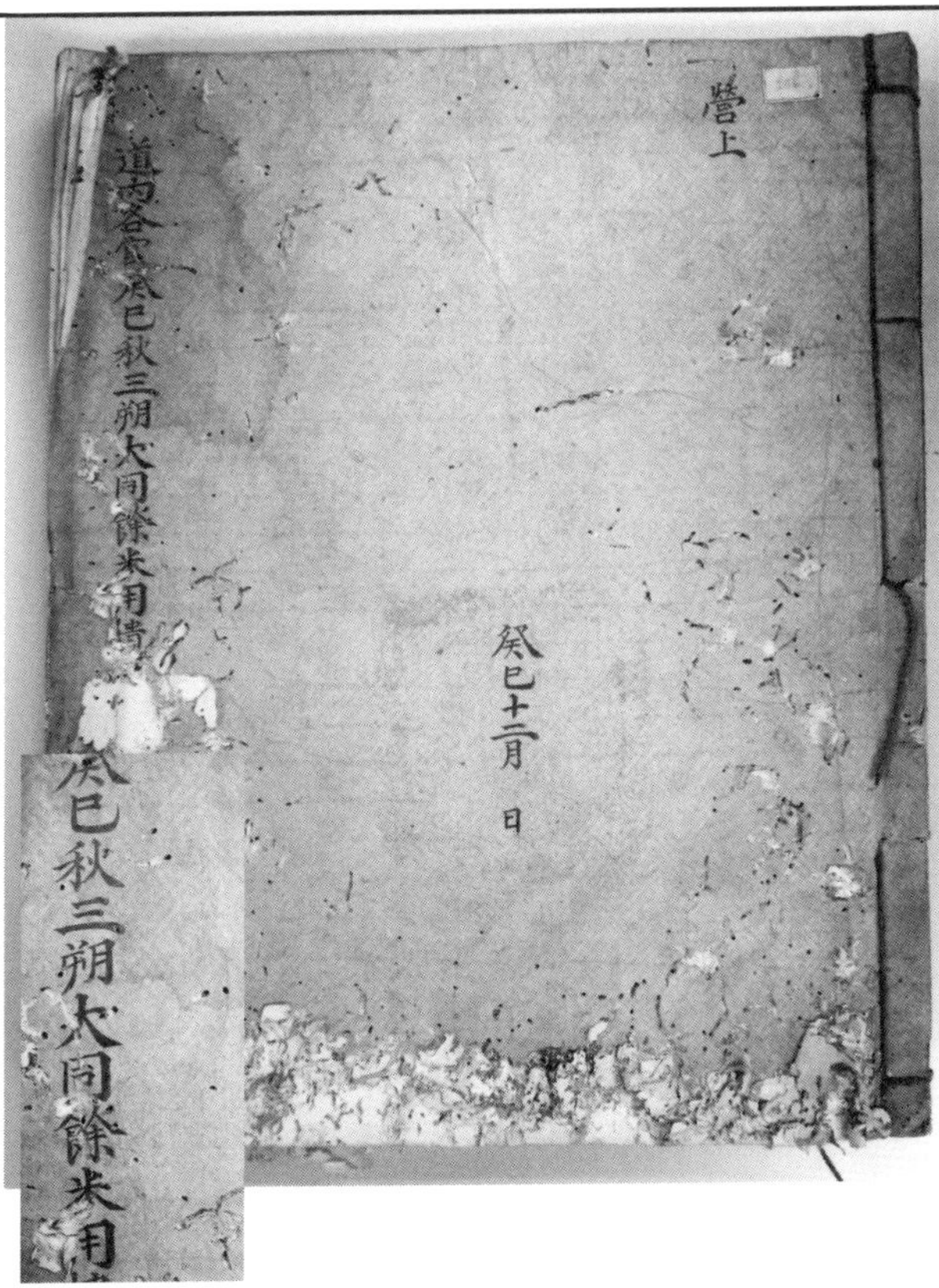

●—『光緒十九年道内各官癸巳秋三朔大同余米用遺在会計都案』表紙と表題に「大同余米」とある部分の拡大(左下)　一八九三年七月から九月の間に慶尚道内で儲置米(余米)が何に支出され、残額がいくらあるかを邑ごとに書き上げた帳簿。廃止直前まで地方官府において大同法が運用されていたことがわかる。

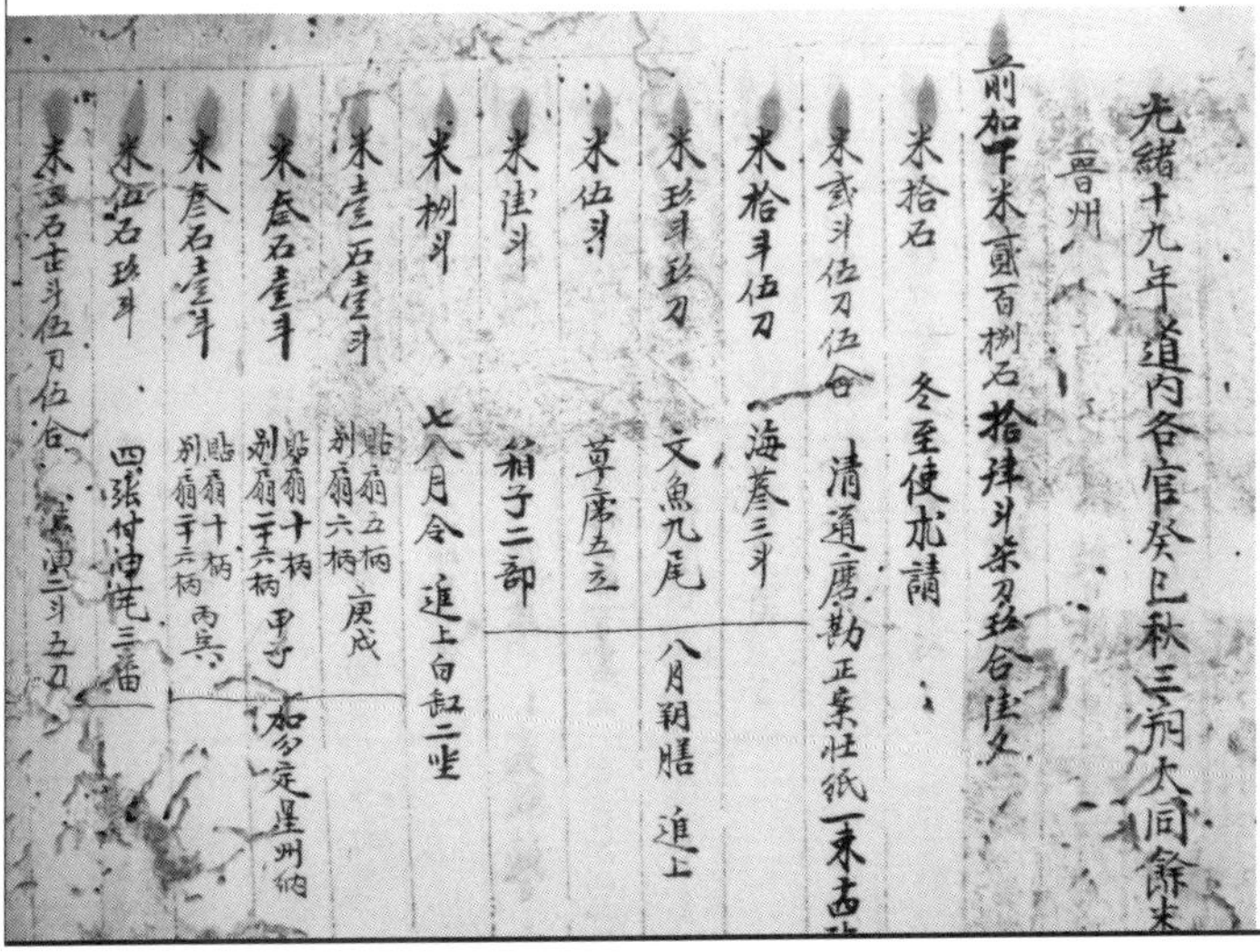

●—上掲書、本文部分の拡大

法施行後における農業経営の問題や、大同米を貢価として支給され、政府・王室諸機関の必要物資調達に従事した貢人の商業活動や貿納活動なども重要なテーマとして浮上してくる。しかしいずれも本書の範囲をこえるものであり、別の機会にゆずることとしたい。

参考文献

日本語文献

安達義博「十八〜十九世紀前半の大同米・木・布・銭の徴収・支出と国家財政」『朝鮮史研究会論文集』第一三集　一九七六年

有井智徳『高麗李朝史の研究』国書刊行会　一九八五年

糟谷政和「17・18世紀全羅道順天府における国家的収取体系の地域的編成とその変容――「新増昇平志」の分析を中心にして」『茨城大学政経学会雑誌』第五二号　一九八六年

糟谷政和「大同法成立の歴史的意義について――1594年貢物作米の史料的検討」『私学研修』第一二七・一二八号　一九九二年

岸本美緒・宮嶋博史『明清と李朝の時代』（世界の歴史12）中央公論社　一九八九年

北村明美「李朝初期国役制度「保法」の成立について」『朝鮮史研究会論文集』第三〇集　一九九二年

金東哲（吉田光男訳）『朝鮮近世の御用商人――貢人の研究』（韓国の学術と文化7）法政大学出版局　二〇〇一年

須川英徳『李朝商業政策史研究――十八・十九世紀における公権力と商業』東京大学出版会　一九九四年

須川英徳「朝鮮時代の貨幣――「利権在上」をめぐる葛藤」歴史学研究会編『越境する貨幣』（シリーズ歴史学の現在1）青木書店　一九九九年

田川孝三『李朝貢納制の研究』東洋文庫　一九六四年

田川孝三「貢人関係文書について」榎博士還暦記念東洋史論叢編纂委員会編『榎博士還暦記念 東洋史論叢』山川出版社
一九七五年
田川孝三「李朝後半期に於ける倉庫労務者の一例——宣恵庁倉募民の場合」『アジア史研究』第三号　一九七九年
田川孝三「李朝後半期における地域社会の諸問題」『李朝に於ける地方自治組織並びに農村社会経済語彙の研究』（昭和53・
54年度文部省科学研究費補助金〈総合研究A〉研究成果報告書）一九八〇年
武田幸男編『朝鮮史』（新版世界各国史2）山川出版社　二〇〇〇年
田代和生『近世日朝貿易史の研究』創文社　一九八一年
田代和生『新・倭館——鎖国時代の日本人町』ゆまに書房　二〇一一年
朝鮮総督府『李朝時代の財政（稿本）——朝鮮財政史の一節』朝鮮総督府　一九三六年
朝鮮総督府中枢院調査課編（麻生武亀執筆）『朝鮮田制考』朝鮮総督府中枢院　一九四〇年
徳成外志子「朝鮮王朝後期の国家財政と貢物・進上」『朝鮮学報』第一七三輯　一九九九年
徳成外志子「朝鮮王朝後期における貢物・貢人の概念」『東洋学報』第八三巻第一号　二〇〇一年
西田信治「李朝後期の朝鮮社会と国家」『朝鮮史研究会論文集』第二五集　一九八八年
水田直昌再編校訂『李朝時代の財政——朝鮮財政近代化の過程』友邦協会　一九六八年
李憲昶（須川英徳・六反田豊監訳）『韓国経済通史』（韓国の学術と文化16）法政大学出版局　二〇〇四年
李泰鎮（六反田豊訳）『朝鮮王朝社会と儒教』（韓国の学術と文化2）法政大学出版局　二〇〇〇年
六反田豊「『嶺南大同事目』と慶尚道大同法」『朝鮮学報』第一三一輯　一九八九年

六反田豊「大同法における「留置米」「余米」「儲置米」概念の検討」『東洋史研究』第五〇巻第三号　一九九一年
六反田豊「新出の大同法関係史料について」『年報朝鮮学』第五号　一九九五年

朝鮮語文献

韓栄国「湖西に実施された大同法——大同法研究の一齣」（上）（下）『歴史学報』第一三輯・第一四輯　一九六〇・六一年
韓栄国「湖南に実施された大同法——湖西大同法との比較および添補」（一）〜（四）『歴史学報』第一五輯・第二〇輯・第二一輯・第二四輯　一九六一・六三・六四年
韓栄国「大同法の実施」国史編纂委員会編『韓国史』13　同委員会　一九七八年
姜制勲『朝鮮初期田税制度研究——踏験法から貢法税制への転換』高麗大学校民族文化研究院　二〇〇二年
金玉根『朝鮮後期経済史研究』瑞文堂　一九七七年
金玉根『朝鮮王朝財政史研究』一潮閣　一九八四年
金玉根『朝鮮王朝財政史研究Ⅱ』一潮閣　一九八七年
金玉根『朝鮮王朝財政史研究Ⅲ』一潮閣　一九八八年
金潤坤「大同法の施行をめぐる賛反両論とその背景」『大東文化研究』第八輯　一九七一年
呉定燮「高麗末・朝鮮初の各司位田を通してみた中央財政」『韓国史論』27　ソウル大学校国史学科　一九九二年
高錫珪「16—17世紀貢納制改革の方向」『韓国史論』12　ソウル大学校国史学科　一九八五年
崔完基「大同法実施の影響」『国史館論叢』第一二輯　一九九〇年
徳成外志子「朝鮮後期の貢物貿納制——貢人研究の前提作業として」『歴史学報』第一一三輯　一九八七年

朴道植『朝鮮前期貢納制研究』図書出版　慧眼　二〇一一年
李章雨『朝鮮初期田税制度と国家財政』一潮閣　一九九八年
李廷喆『大同法——朝鮮最高の改革』歴史批評社　二〇一〇年

図版出典一覧

許英桓『ソウルの古地図』三星出版社　ソウル　1989　カバー表
国税庁租税博物館編『小さな文書から昔の世の中を垣間見る』国税庁租税博物館　ソウル　2010　*60*
国立海洋文化財研究所編『高麗，船の道で税を集める』国立海洋文化財研究所　木浦　2009　*74*
国立中央博物館編『士農工商の国　朝鮮』国立中央博物館　ソウル　2010　扉，*8, 58*
国立中央図書館デジタルデータ　ソウル　*69*
崔根泳ほか『朝鮮後期通信使と韓・日交流史料展——対馬宗家資料』韓国史学会　ソウル　1991　*83*
ソウル大学校奎章閣編『朝鮮時代地方地図』ソウル大学校奎章閣　ソウル　1995　*43*
著者提供　カバー裏，*47, 53, 57, 61, 72, 93*

世界史リブレット⑩

朝鮮王朝《ちょうせんおうちょう》の国家《こっか》と財政《ざいせい》

2013年7月30日　1版1刷発行
2025年8月30日　1版3刷発行

著者：六反田《ろくたんだ》　豊《ゆたか》

発行者：野澤武史

装幀者：菊地信義

発行所：株式会社 山川出版社

〒101-0047　東京都千代田区内神田1-13-13
電話　03-3293-8131(営業)　8134(編集)
https://www.yamakawa.co.jp/

印刷所：信毎書籍印刷株式会社

製本所：株式会社 ブロケード

ISBN978-4-634-34948-3

世界史リブレット　第Ⅲ期［全36巻］

〈白ヌキ数字は既刊〉